DÉPÔT LÉ
DÉPARTᵗ DE
Nᵒ
19

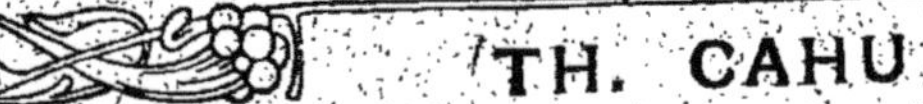

TH. CAHU

RICHELIEU

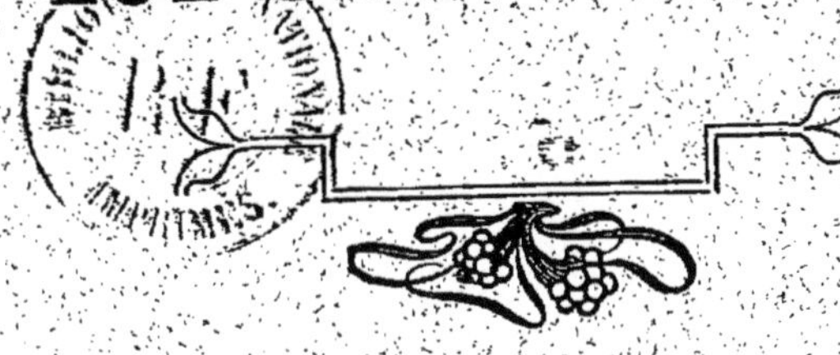

ANCIENNE LIBRAIRIE FURNE

8 . L²⁷
47939
A

RICHELIEU

BIBLIOTHÈQUE NATIONALE
IMPRIMÉS

8 Ln^217 47939 A

DANS LA MÊME COLLECTION

La Tour d'Auvergne, par G. Montorgueil,
illustrations de Job.

TH. CAHU

RICHELIEU

Illustrations de E. Bayard, M. Leloir

PARIS

ANCIENNE LIBRAIRIE FURNE

BOIVIN & CIE, ÉDITEURS

5, RUE PALATINE (VIᵉ)

Tous droits réservés.

Richelieu

CHAPITRE PREMIER

Naissance de Richelieu. — Pauvreté de sa famille; son entrée au collège de Navarre. — Il est placé à la tête du diocèse de Luçon. — Son ordination à Rome. — Son existence à Luçon.

Armand-Jean du Plessis de Richelieu naquit à Paris, rue du Bouloi, le 15 septembre 1585. Originaire de la Marche du Poitou, sa famille était ancienne, bien vue à la cour, mais sans fortune.

Son père, François du Plessis, était grand prévôt de France et favori de Henri IV. Aux côtés du Béarnais, dans ses luttes pour la conquête du royaume, il combattit à Arques et à Ivry; assista aux sièges de Vendôme, du Mans et de Falaise; suivit le roi au grand siège de Paris. François de Richelieu se trouvait dans le camp royal, à Gonesse, quand il fut subitement emporté, le 10 juin 1590, par une fièvre violente.

Il laissait une veuve, Suzanne de La Porte, et cinq enfants : trois garçons, Henri, Alphonse, Armand-Jean, et deux filles, Françoise et Nicole.

Des spéculations hasardées avaient ruiné le grand prévôt. Si grande était sa détresse, que la famille dut engager son collier de chevalier du Saint-Esprit pour subvenir aux frais de ses funérailles.

Suzanne de La Porte regagna le château de Richelieu, où elle se consacra, avec un réel dévouement, à la reconstitution de sa fortune et à l'éducation de ses enfants.

Quelle que fût sa bonne volonté, la veuve du Plessis dut bientôt remettre à de plus experts le soin d'instruire son plus jeune fils, Armand. Elle le confia d'abord à Hardy Guillot, prieur de l'abbaye de Saint-Florent, près de Saumur. Puis, vers 1594, Amador de La Porte, emmena son neveu à Paris et le fit entrer au collège de Navarre.

Vint l'heure où il fallut aiguiller le jeune collégien vers une carrière. Richelieu était doublement cadet, dans une famille où, en dehors du mince héritage transmis d'aîné en aîné, il n'y avait d'autre fortune que la succession assurée à l'évêché de Luçon, don consenti à son grand prévôt par Henri III, en 1584. Armand du Plessis ne pouvait même pas prétendre à ce maigre bénéfice. Ayant deux frères plus âgés, l'un devait prendre le fief et l'autre l'évêché.

Ardent au travail, avisé à l'étude, supportant mal la rude discipline du collège, on ne savait pas encore ce qu'il ferait ; mais, selon un de ses panégyristes, on pouvait déjà prédire qu'il le ferait bien. On jugea que son tempérament le portait vers les choses de la guerre, et un conseil de famille décida que, comme son frère aîné Henri, il serait d'épée.

En quittant le collège de Navarre, il prit le nom de marquis du Chillou, ceignit l'épée et se fit inscrire à l'Académie. C'était une haute école de maintien, d'élégance et d'honneur.

On sortait de l'Académie, non seulement brave et exercé, mais encore homme du monde accompli et parfait courtisan. Son directeur, M. de Pluvinel, grand écuyer du roi, avait une opinion arrêtée sur le langage et l'allure des gentilshommes, sur la hauteur du chapeau, la frisure des plumes, la longueur du manteau, l'empesé des fraises et du collet, et il l'imposait à ses élèves par d'aimables leçons et de beaux exemples.

Le marquis du Chillou suivait avec un beau zèle les enseignements de M. de Pluvinel et se préparait vaillamment à être, comme il le dira plus tard, de ces « gens de main » qui, ayant de la naissance mais pas de fortune, doivent, par leur seul mérite, assurer leur avenir. Il acquit ainsi une tournure d'esprit hardie dont il ne se départit jamais.

Une circonstance imprévue renversa ses projets. Alphonse, le second des fils de François du Plessis, étant d'église, devait, naturellement, devenir évêque de Luçon. Mais, se sentant pris d'une belle passion pour le « métier de moinerie », il se fit chartreux. Pour que la famille ne perdît pas ce bénéfice, il était urgent qu'un Richelieu fût placé à la tête du diocèse de Luçon. Armand se dévoua.

Le cavalier prit la soutane. Richelieu avait alors dix-sept ans.

Il remit son épée à M. de Pluvinel, rentra au

Henri IV.

collège de Navarre, fit sa philosophie et commença ses études théologiques, qu'il mena rondement.

Vers la fin de 1607, avant l'obtention de ses grades, le jeune Armand du Plessis fut nommé évêque de Luçon. Henri IV écrivit au pape pour obtenir la dispense d'âge. « Ses mérites et sa suffisance, mande le roi, peuvent aisément suppléer au défaut d'âge canonique. Il est du tout capable de servir en l'Église de Dieu, et je sais qu'il ne donne pas peu d'espérance d'y être grandement utile. »

Impatient des lenteurs de la chancellerie pontificale, Richelieu partit pour Rome. Il fut présenté au pape par M. d'Halincourt, ambassadeur de France, et par le cardinal de Joyeuse, cousin du roi. Le Pontife s'intéressa au jeune prélat désigné et eut même avec lui, rapporte-t-on, de longs et graves entretiens sur les affaires religieuses du royaume.

A Rome, notre postulant, prenant part aux discussions littéraires et théologiques, y brilla par l'étendue de sa science, la sûreté de sa mémoire, la vivacité de son esprit et la modestie de son maintien.

Un jour, un des prédicateurs de la cour romaine ayant prononcé un long sermon, Richelieu le récita d'un bout à l'autre à la sortie de l'église. Ce fait ayant été rapporté au pape, celui-ci fit venir le jeune abbé et lui demanda de répéter le sermon. Il réussit, à la grande admiration de Paul V. Et pour montrer qu'il n'avait pas seulement la mémoire servile, mais encore l'esprit ouvert, il fit, le lendemain, un autre sermon de son cru sur le même sujet.

Convaincu des mérites exceptionnels du jeune abbé, le souverain pontife octroya les bulles de dispense. Richelieu fut sacré à Rome, à l'occasion des fêtes de Pâques, le 17 avril 1607.

On assure que Paul V s'exprima ainsi, à propos de cette nomination anticipée :

« Il est juste que l'homme qui montre une sagesse au-dessus de son âge soit ordonné avant l'âge ».

M. de Luçon rentra à Paris. Déjà, l'ambition politique le hante. Mais il craint de se déclarer prématurément. De haute lutte, il conquiert le grade de docteur en théologie, et c'était un spectacle peu banal que de voir un évêque studieusement assis sur les bancs de l'école. Il sollicita et obtint son admission au nombre des professeurs de la Sorbonne, prêcha dans les plus importantes églises de Paris, étendit ses relations dans le monde ecclésiastique, se fit des protecteurs à la cour, s'avança dans les bonnes grâces du roi qui l'appelle « mon évêque » et, enfin, dans les derniers jours de 1608, partit pour Luçon, où il

« résidera » et, pour que le fait en passe la bar-
rière du Louvre, exhibera à ses diocésains un
parfait zèle épiscopal.

Cet exil était un calcul. Avec la clairvoyance de
son génie, Richelieu avait jugé cette étape nécessaire.

Mais il n'est pas enthousiaste de sa nouvelle
position :

« Je suis extrêmement mal logé, écrit-il, car
je n'ai aucun lieu où je puisse faire du feu à
cause de la fumée ; vous jugez bien que je n'ai
pas besoin de grand hiver ; mais il n'y a remède
que la patience. Je vous puis assurer que j'ai le
plus vilain évêché de France, le plus crotté et le
plus désagréable ; mais je vous laisse à penser quel
est l'évêque ! Il n'y a ici aucun lieu pour se pro-
mener, ni jardin, ni allée, ni quoi que ce soit, de
façon que j'ai ma maison pour prison. »

Et il ajoute :

« Madame, je vous prie de me faire faire un
manchon de la moitié des peaux de martre de
M. le commandeur, couvert de velours noir, car
il fait froid en ces quartiers. »

Pauvre, aimant le luxe et le paraître, il fut
obligé de vivre petitement et de se meubler d'oc-

casion. Toutefois, au bout de quelque temps, son installation est honorable. Et on sent qu'il éprouve grand plaisir à en faire part.

« On me prend, écrit-il encore, pour un grand seigneur dans le pays. Cependant, je suis gueux, comme vous savez. Je suis gueux ; mais cependant, quand j'aurai plat d'argent, ma noblesse en sera fort relevée. »

Malgré tout, il ne laissait pas chômer les affaires de son diocèse et n'abandonnait pas ses projets d'avenir.

« Il faut, comme les rameurs, disait-il, marcher au but, même en lui tournant le dos. »

Pour lui, sa volonté était de conquérir le pouvoir, à la faveur d'un mérite qui s'impose. C'est à cette époque qu'il écrivit le fameux « Mémoire sur les Instructions et maximes qu'il s'est données pour se conduire à la cour », parfait bréviaire de l'ambitieux et du courtisan.

Les efforts de l'évêque de Luçon ne restent pas stériles. Sa réputation grandit. On parle de lui, même chez le roi.

Pour paraître et se produire, il n'attend plus qu'une occasion, la guette non sans impatience.

CHAPITRE II

Assassinat du roi Henri IV. — Proclamation de Marie de Médicis comme régente. — Richelieu part pour Paris. — Les États Généraux de 1614. — Richelieu élu député du clergé; son discours.

Cette occasion sera la mort de Henri IV. D'un coup d'œil, l'évêque de Luçon comprend tout le parti qu'il peut tirer du trouble dans lequel le meurtre de Ravaillac plonge la France et le gouvernement.

Avisé, dès le premier moment, de la mort du roi, Richelieu accourt à Paris pour revivre dans ses détails la journée du 14 mai 1610.

Depuis plusieurs jours, Henri IV avait de noirs pressentiments. Contrairement à son habitude, il était inquiet et troublé, parlant de sa mort.

— Ah! maudit sacre, disait-il à Sully, en parlant du sacre de Marie de Médicis qui avait eu lieu la veille en grande pompe à Saint-Denis, maudit sacre, tu seras cause de ma mort!

ASSASSINAT DE HENRI IV.

Or, le vendredi 14 mai, après déjeuner, il quitta le Louvre pour se rendre à l'Arsenal, où résidait Sully.

Le temps était beau, le carrosse était ouvert... Arrivé d'Angoulême à Paris depuis un mois, portant toujours sous son manteau un couteau dérobé dans une auberge, un visionnaire d'humeur sombre et de physionomie sinistre, à la fois moine, maître d'école et recors, François Ravaillac guettait le cortège royal aux portes du Louvre. Il le suivit. Rue de la Ferronnerie, l'assassin profita de ce qu'un embarras de voitures forçait le carrosse à raser les boutiques adossées au cimetière des Innocents, pour monter sur une borne et frapper le roi.

— Je suis blessé! dit Henri IV.

Comme il levait le bras, l'assassin lança un second coup qui perça le cœur. Au moment même, il mourut. On tira les « mantelets » du carrosse; les seigneurs dirent au peuple, accouru en foule, que le roi n'était que blessé et reprirent le chemin du Louvre.

En entrant dans la cour, on cria, comme c'était l'habitude en cas d'accident :

« Au vin et au chirurgien. » Mais l'un et l'autre étaient inutiles.

A ce propos, rappelons qu'un seul souverain, le petit roi Jean le Posthume, mourut au Louvre, en 1316. De même, une seule reine, Anne d'Autriche, s'éteignit, en 1666, dans le palais des rois.

Avertie par son favori Concini, la reine mère descendit à la hâte dans la pièce où l'on avait déposé le royal cadavre.

— Hélas! s'écria Marie de Médicis en rencontrant le chancelier de Sillery dans l'escalier, le roi est mort!

— Madame, répondit celui-ci, en France le roi ne meurt pas!

Ce tragique événement jeta le désarroi à la cour et la consternation dans le peuple.

Au Louvre, on prit toutes les précautions pour sauvegarder la vie du Dauphin qu'on pouvait croire menacée. Il fallait sur-le-champ pourvoir à la régence. D'Épernon se rendit au Parlement et, dans un langage menaçant, exigea qu'il proclamât la reine mère régente du royaume.

Les princes du sang étaient absents de Paris. Le Parlement ne put résister aux menaces des gens de la reine et rendit aussitôt l'arrêt demandé. Henri IV avait été assassiné à quatre heures. A

six heures et demie, Marie de Médicis, petite-nièce
de Charles-Quint et cousine de Philippe II, gou-
vernait au Louvre. Italienne, parlant à peine le
français, sous la dépendance étrange de sa sœur

Léonora Galigaï.

de lait, Léonora Galigaï et du mari de cette dernière, Concini, plus tard maréchal d'Ancre, elle
allait régner pendant la minorité de Louis XIII,
alors âgé de neuf ans.

Quelque hâte qu'il mît à venir à Paris, Richelieu

y arriva trop tard : on avait songé à confier à son éloquence l'oraison funèbre du roi défunt; mais, en son absence, force fut de se pourvoir ailleurs.

Pendant les journées troublées qui suivirent cette catastrophe, Richelieu raffermit les sympathies qu'il comptait déjà et s'en ménagea d'autres.

Son heure n'était pas encore venue. Non sans espoir, mais le cœur cependant ulcéré par la déconvenue de son impatiente ambition, il regagna son diocèse, d'où il suivit d'un œil attentif la marche des événements.

En 1614, à la majorité légale du roi, Marie de Médicis ayant décidé de réunir les États généraux, Richelieu se fait élire député du clergé par le Poitou.

Convoquée pour ruiner la popularité des princes du sang, hostiles à la régente et donner plus d'autorité aux débuts du règne de Louis XIII, cette assemblée devait marquer le premier triomphe de la carrière politique de l'évêque de Luçon, lui mettre, selon une expression du temps, le pied à l'étrier.

Les États se réunirent dans la grande salle du Petit-Bourbon, entre le Louvre et Saint-Germain-l'Auxerrois. La séance royale eut lieu le 27 octobre. Dans le fond de la nef, sous un dais fleurdelysé, vêtu de blanc, avait pris place le jeune roi, ayant à ses côtés sa mère, son frère, ses sœurs et la première femme de son père, Marguerite de Valois; le grand maître de la cour; les massiers à genoux; le chancelier de Sillery, etc.

A droite, siégeaient les cardinaux; à gauche, les princes du sang et les ministres; puis les ducs et pairs, au premier rang desquels, Sully et d'Épernon; les chevaliers du Saint-Esprit, les secrétaires d'État. Enfin venaient les députés du clergé, de la noblesse et du tiers état.

Bien que le plus jeune des représentants du clergé, l'évêque de Luçon s'imposa à ses collègues par la sûreté de son jugement, son éloquence calme et mesurée, l'habileté avec laquelle il mena des négociations délicates entamées avec les représentants des autres ordres.

C'est lui qu'on désigna pour présenter au roi les cahiers du clergé dans la séance solennelle de clôture, qui se tint le 23 février 1615. L'éclatante harangue qu'il prononça à cette occasion fut la révélation de son génie.

Il y posa plusieurs des principes qui devaient faire la règle de sa conduite au cours de son long et glorieux ministère.

Comme résultats, cette réunion des représen-

Les États généraux de 1614.

tants de la France couvrait de son approbation
l'administration de Marie de Médicis depuis la mort

de Henri IV et clôturait légalèment, non de fait, la régence. En outre, on y vit poindre les premiers indices de l'orage qui marquera la fin du siècle suivant.

Le tiers s'émut de son rôle inférieur et des différences parfois humiliantes du cérémonial à son égard; il s'irrita de l'insolence des nobles et fit entendre des paroles de menace.

« Craignez, disait au roi Robert Miron, prévôt des marchands de Paris, que, d'enclume qu'il est, le peuple ne devienne marteau. »

CHAPITRE III

Caractère de Louis XIII; jeux et distractions. — Les favoris de la reine mère. — Assassinat de Concini, maréchal d'Ancre; procès et mort de sa femme. — Louis XIII acclamé par la foule.

Nominalement, Louis XIII était roi. Mais il se souciait fort peu alors d'exercer ses prérogatives souveraines. Plus d'une fois encore, après avoir parlé en maître aux cinq cents députés du pays, il fut fouetté par sa gouvernante ou par la main potelée de la reine, sa mère.

A la direction du gouvernement, il préférait les jeux de son âge. On raconte qu'en rentrant au Louvre, après la séance des États généraux, il confectionna une omelette, puis joua à cligne-musette avec M. de La Rochefoucauld.

Il aimait aussi à s'occuper de couture, de jardinage, de pâtisserie, et n'était pas sans goût pour la musique et pour le dessin.

La chasse était sa distraction favorite. Fort

marcheur, il faisait jusqu'à trois lieues à pied.
Puis, montant à cheval, il courait le cerf ou le
daim dans les épaisses forêts de Saint-Germain,
de Compiègne ou de Fontainebleau. Quelle joie
quand il voyait se déployer devant lui sa meute
de lévriers bondissants ! Et, imitant Charles IX, il
sonnait du cor à se briser les poumons.

Au Louvre, contre les linottes et les passereaux
des jardins, il lâchait ses pie-grièches et ses éper-
viers éperonnés, dressés pour lui par Albert de
Luynes, un de ses favoris dont la fortune devait
être si stupéfiante.

Quand il s'occupait à des jeux un peu plus sérieux, il manœuvrait de petits canons attelés de
lévriers dociles. Un jour, il construisit, dans une
cour du Louvre, un petit fort où il faisait évoluer
son enfantine artillerie. Un des animaux faisant
quelques difficultés de passer sur une planche mal
assujettie, rouge de colère il le battit rudement.
Le chien passa sans difficulté.

« Lors il dit froidement et de façon sérieuse,
rapporte son médecin, le bon Hérouard : « Voilà
comment il faut traiter les opiniâtres »; puis, lui
donnant du biscuit, « et récompenser les bons,
les hommes aussi bien que les chiens ».

Un autre jour, il se mit fort en colère contre
les filles de la reine qui lui avaient dérobé une li-
notte. Il roula un de ses canons devant leur porte
et menaça de le tirer, « si ce n'était la crainte d'of-
fenser la reine sa mère ».

D'ailleurs, son artillerie paraissait être son dernier argument. Quand de Luynes, son favori, s'é-
loignait contre son gré, il l'appelait :

— Albert, Albert! Où est-il?

Et si le fauconnier ne répondait pas assez vite,
Louis XIII tirait le canon.

Ce n'était pas le seul ami du roi. Il en avait notamment un autre, un soldat, nommé Descluseaux
avec lequel il s'amusait beaucoup à monter la
garde.

Mais Albert de Luynes avait su prendre un réel
ascendant sur l'esprit du jeune souverain. Bien
que de petite noblesse, — son fief n'était pas si
grand, dit Bassompierre, qu'un lièvre ne le pût
sauter chaque jour, — il fut bientôt hanté des
plus grandes ambitions.

Au milieu de ses amusements, il représenta à
Louis XIII combien faible était son autorité. Peu
à peu, il créa autour du jeune souverain un conseil
privé qui entra bientôt en lutte contre celui de la

reine mère, où, véritable maire du Palais, trônait
le maréchal d'Ancre.

Celui-ci était devenu très impopulaire. De nombreux pamphlets circulaient sur son compte. Déjà,
la multitude avait saccagé son hôtel et, passant
au-dessus de sa tête, la colère de Paris allait jusqu'aux pieds du trône.

Grâce aux faveurs de Marie de Médicis, en effet,
Concini avait élevé sa fortune jusqu'au scandale. Il
avait été fait marquis d'Ancre, puis nommé maréchal. Il avait acquis plusieurs gouvernements im-
portants. Sa femme, Léonora Galigaï, et lui, ne con-
nurent pas de bornes à leur ambition. Si grand était
l'orgueil du maréchal qu'il disait à ses familiers :

— Je veux savoir jusqu'où la fortune peut mener
un homme !

Il n'allait pas tarder à l'apprendre. Luynes ne
pouvait rien sans la disparition de ce couple. Aussi
convainquit-il le roi du « tort que faisaient à l'État
ces étrangers qui dévoraient les impôts, les honneurs et les dignités ».

Après quelques hésitations, le rusé fauconnier
obtint de Louis XIII l'autorisation de supprimer
le maréchal d'Ancre. Vitry, capitaine des gardes,
reçut l'ordre d'exécution.

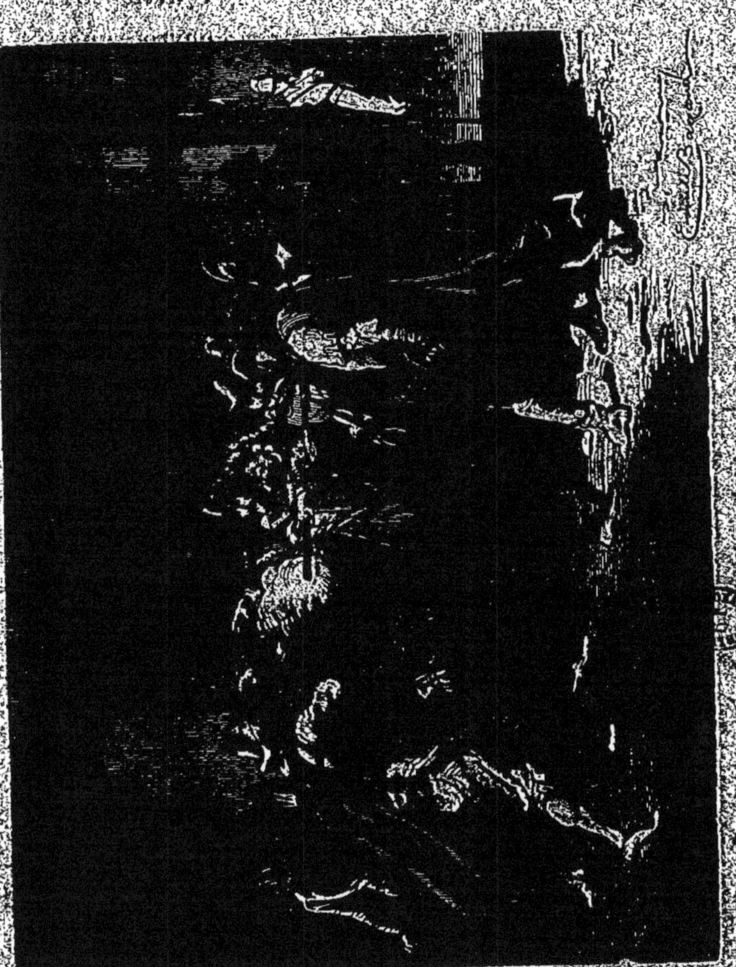

Vers dix heures du matin, le 24 avril 1617, Concini franchissait le pont du Louvre, quand Vitry s'approcha de lui :

— Au nom du roi, je vous arrête, dit-il.

— Moi! fit le maréchal en faisant mine de se défendre.

Trois coups de feu lui répondirent. Il tomba à terre raide mort.

— C'est par ordre du roi, dit Vitry aux gentilshommes qui formaient la garde ordinaire de Concini et s'apprêtaient à le secourir ou à le venger.

Sur ces mots, tous s'enfuirent.

Après l'exécution, le cadavre avait été traîné dans le petit jeu de paume et couvert d'un vieux manteau. Sur la poitrine, on avait placé cet écriteau : « Traître au roi! »

Dans la nuit on l'enterra à Saint-Germain-l'Auxerrois.

Ce meurtre mit la populace en délire. Elle pénétra dans l'église avec le dessein de mutiler les restes du brillant maréchal. Avisant un fossoyeur, des hommes lui dirent :

— Bonhomme, toi qui enterres chrétiens en terre sainte au cimetière des Innocents, dis-nous donc où est le corps du Florentin, traître et occis!

— La chose n'est pas difficile, répondit le fossoyeur, videz cette tombe et vous le verrez manger la terre.

Et la multitude se mit à gratter la tombe. On trouva la bière vide et, au-dessous, le corps du maréchal, la tête en bas. Ce fut alors un horrible carnage. Ils traînèrent le cadavre jusqu'au bout du Pont-Neuf, le pendirent quelques instants à un gibet que Concini avait dressé comme menace contre ses calomniateurs, puis le déchirèrent en morceaux qui furent consumés sur des bûchers allumés en divers points de la ville.

Le lendemain, on vendait ses cendres un quart d'écu l'once. Quelque temps après, on fit le procès du maréchal. Sa femme Léonora Galigaï y fut impliquée, accusée de sorcellerie, condamnée et mise à mort.

Au Louvre, l'exécution de Concini avait provoqué la plus vive émotion. Louis XIII attendait dans son cabinet des armes l'issue de l'aventure. Il tressaillit en entendant la détonation des armes à feu. Un instant après, le colonel des Corses, Ornano, pénétra auprès de lui :

— Sire, dit-il, à cette heure vous êtes roi! Le maréchal d'Ancre est mort.

— Çà, mon épée! ma carabine! s'écria Louis.
Et il courut aux fenêtres. Ornano le prit à bras-
le-corps et le souleva pour le montrer aux gentilshommes, aux archers, aux gardes qui étaient
dans la basse-cour avec Vitry.

— Grand merci! Grand merci à vous, dit-il, à
cette heure, je suis roi!

Comme le bruit avait couru en dehors du Louvre
que c'était non le maréchal, mais Louis XIII lui-
même qui était mort, il alla à d'autres fenêtres,
se fit acclamer par la foule, à qui il cria :

— Aux armes, aux armes, compagnons! Loué
soit Dieu, me voilà roi!

Puis il envoya des lieutenants, des enseignes et
des exempts des gardes dans les rues de Paris
pour empêcher le désordre. On cria par toute la
ville :

— Vive le roi! le roi est roi!

De son côté, M. de Liancourt, gouverneur de
Paris, monta à cheval, se rendit à l'hôtel de la
Grève et, bientôt après, les échevins et quarte-
niers, disaient à chacun :

— Tranquillisez-vous, bons bourgeois, le maréchal d'Ancre est tué et non notre sire le roi!

Enfin, M. d'Ornano, à la tête d'une dizaine d'ar-

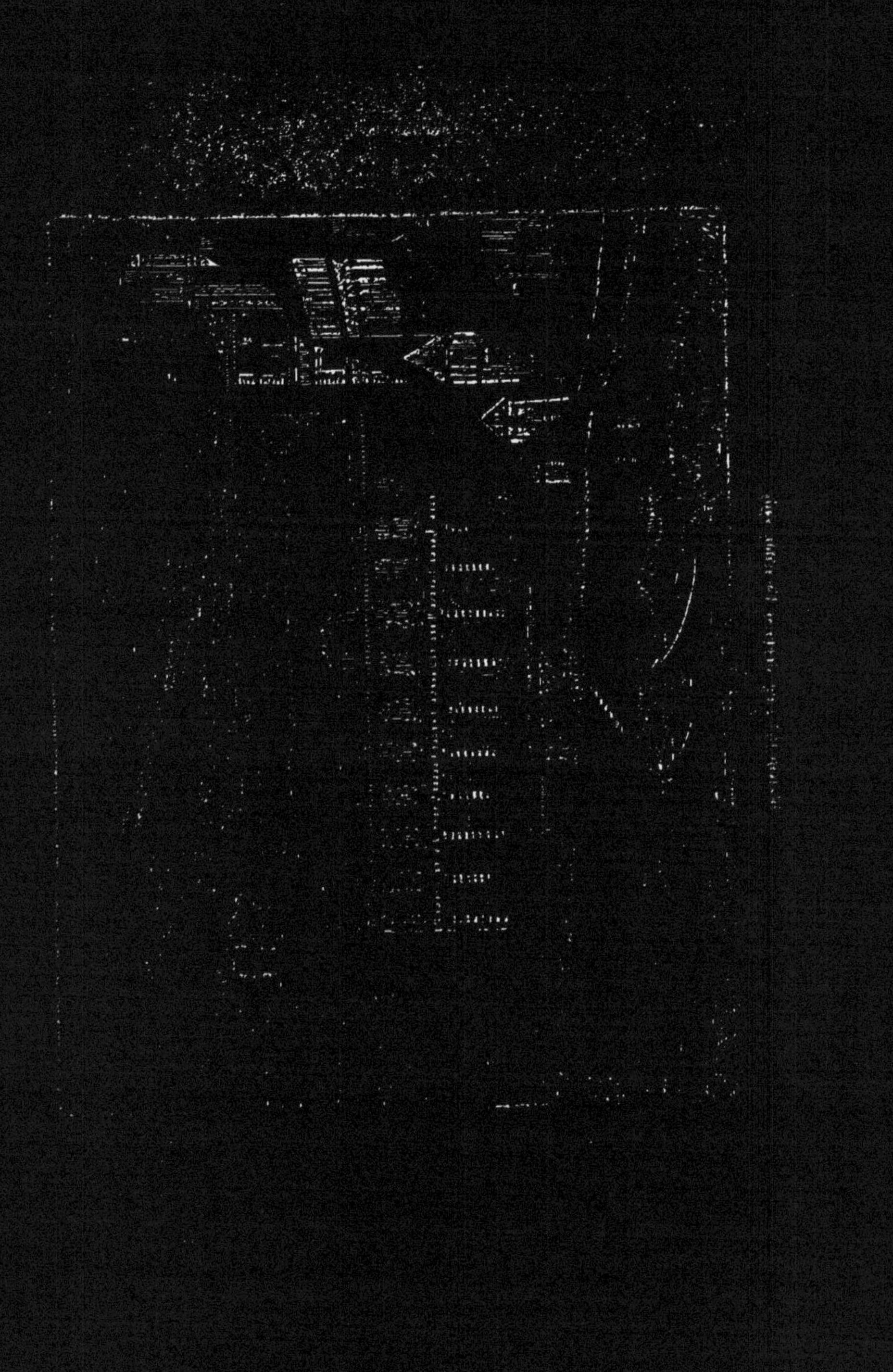

chers, alla prévenir le Parlement. Cette troupe étant entrée dans la cour qui précède la salle des séances le pistolet levé et criant : « Vive le roi! » les gens qui y étaient s'enfuirent éperdus, s'écrasant les uns les autres.

Après s'être montré au peuple, Louis XIII se rendit dans la salle de billard. On le monta sur un pavois et il reçut les hommages des courtisans.

Lui aussi, Richelieu vint faire sa cour au souverain, qui lui dit :

— Monsieur de Luçon, nous sommes aujourd'hui, Dieu merci, délivrés de votre tyrannie!

C'est que l'orateur du clergé aux États généraux avait rapidement avancé sa carrière. Son retentissant discours des États généraux datait de deux ans à peine, et il était devenu successivement aumônier de la jeune reine Anne d'Autriche, conseiller d'État, secrétaire des commandements de la reine mère : il avait été chargé d'importantes missions ; on lui avait attribué six mille livres de pension. Il venait d'être nommé ambassadeur en Espagne, quand on l'appela au gouvernement en qualité de secrétaire d'État, le 30 novembre 1616. En raison de son caractère épiscopal, on lui attribua même au sein du conseil le droit de préséance sur ses collègues.

Néanmoins son avancement devait subir une éclipse. En effet, élevé au pouvoir par la protection de la reine mère et l'appui du maréchal d'Ancre, il allait en être écarté par la révolution de palais qui suivit l'assassinat de Concini.

CHAPITRE IV

Albert de Luynes est nommé premier gentilhomme du roi. — Rupture entre Marie de Médicis et Louis XIII. — Richelieu conseille à celle-ci l'exil et l'accompagne à Blois. — Richelieu rappelé à Luçon. — Conjuration du duc d'Épernon. — Fuite de Marie de Médicis. — La journée des Ponts-de-Cé.

La rumeur provoquée au Louvre par les coups de pistolet de Vitry parvint jusqu'aux appartements de Marie de Médicis.

— O Madame, lui dit une de ses femmes, M. le Maréchal a été tué, et Sa Majesté l'a ainsi voulu.

— Pauvre de moi! s'écria Marie. J'ai régné sept ans ; maintenant je n'aurai plus que les croix et les couronnes du ciel !

Mais ce bel élan d'humilité ne dura guère. Presque aussitôt, abandonnant à leur malheur ses protégés de la veille, elle essaya de se rapprocher du roi.

Quelqu'un lui ayant dit qu'elle seule pouvait annoncer à la maréchale la mort de son mari, Marie de Médicis répondit durement :

— J'ai bien autre chose à faire maintenant; si on ne peut dire à la maréchale que son mari est tué, il faut le lui chanter aux oreilles.

Et elle envoya son gentilhomme demander une entrevue à Louis XIII. Celui-ci répondit avec impatience :

— Je suis fort occupé maintenant. Ce sera pour une autre fois. Dites de ma part à ma mère que je l'honorerai toujours comme un bon fils ; mais je suis roi et veux gouverner désormais. Ajoutez à la reine que je ne veux même pas qu'elle ait d'autres gardes que les miens ; faites-lui entendre bien vite mon intention.

On désarma donc les gardes de la reine et on les remplaça par ceux de Vitry. En réalité, Marie de Médicis était prisonnière. En même temps, le ministère était changé ; les créatures de Concini étaient éloignées ou persécutées. Albert de Luynes était nommé premier gentilhomme de la chambre, ce qui justifiait le mot du duc de Bouillon disant que « la taverne était toujours la même, le bouchon seul étant changé ». Au favori de la reine succédait celui du roi.

Bientôt Marie de Médicis comprit l'inutilité de la lutte et se soumit aux volontés de son fils. Conseillée par Richelieu, elle demanda elle-même l'exil. Il fut décidé qu'elle irait à Blois, qu'elle conserverait tous ses biens et qu'elle jouirait des prérogatives royales dans la province.

Quoique suspect aux ennemis du maréchal d'Ancre, l'évêque de Luçon ne fut pas mis complètement en disgrâce. Luynes avait compris que c'était un homme à ménager. On lui conserva sa situation au conseil, mais non plus comme ministre.

Richelieu n'accepta pas. Avec plus d'habileté encore que de prudence, il s'effaça. Prévoyant que la rupture entre la mère et le fils pouvait avoir de sérieuses conséquences politiques, il jugea qu'il aurait un rôle à jouer dans les futurs événements.

Aussi obtint-il d'accompagner Marie de Médicis à Blois, comme maître de son conseil. En réalité, il ambitionnait de rentrer en grâce auprès de Louis XIII en servant d'intermédiaire entre la petite cour de la Loire et la cour triomphante de Paris.

Le départ avait été fixé au 3 mai 1617. La situation de la régente n'était plus tenable. Pour qu'elle ne pût sortir de ses appartements, les Suisses avaient, à coups de hache, coupé le pont dormant qui reliait le Louvre aux Tuileries. Dans sa prison on ne la laissait même pas en repos. A tout moment et sous tout prétexte, on pénétrait jusque dans sa chambre à coucher. Un jour, Vitry, à qui l'assassinat de Concini avait valu le bâton de maréchal, entra subitement chez la reine et lui dit :

— Madame, vous avez de la poudre cachée sous le lit ; car on sait vos mauvais desseins sur le roi, et vous voulez le faire périr.

Marie de Médicis obtint de voir son fils quelques instants avant son départ. De Luynes et Richelieu réglèrent cette entrevue comme une affaire diplomatique. On arrêta d'avance les questions et les réponses qui devaient être échangées entre le roi et sa mère.

Les mulets et les équipages de route étaient réunis dans la cour du Louvre. Le soleil brillant d'un grand éclat, la litière de la reine était ouverte. Tout d'abord, elle reçut les gentilshommes et les corporations, autorisés à lui présenter leurs adieux. Pendant la réception, la porte s'ouvrit à deux battants et le roi parut, vêtu d'un pourpoint blanc, sa chausse d'écarlate et la botte à la jambe. Les discours échangés furent ceux qui avaient été préparés.

Comme Marie de Médicis essayait de demander

une dernière grâce, Louis XIII tourna les talons et s'en alla en appelant :

— Albert! Albert! Luynes! Luynes!

Elle tomba à moitié évanouie dans un fauteuil. Revenue à elle, elle se prit à sangloter, puis descendit à pas précipités les grands escaliers du Louvre, monta dans sa litière et partit, suivie de quelques dames et d'une nombreuse escorte. Dans le dernier carrosse, mélancolique et résigné, avait pris place l'évêque de Luçon.

Tout le long de la rivière, le cortège s'achemina jusqu'au Pont-Neuf que la reine traversa, saluant, les yeux voilés de larmes, la statue de Henri IV qu'on venait de dresser sur un piédestal construit en marbre de Florence.

Au même moment, il y avait à un des balcons du Louvre quatre personnes très attentives à suivre la marche du cortège et à le voir défiler, au milieu des sarcasmes de la foule. C'étaient Louis XIII et les trois frères de Luynes. Sans exprimer la moindre tristesse de la séparation maternelle, le roi plaisantait sur les armoiries et les plumes des dames de le reine.

Quand le dernier carrosse fut arrivé sur la rive gauche, il rentra dans ses appartements.

— De Luynes, allons! mes pies-grièches, mes faucons, s'écria-t-il gaiement, je veux aller chasser au bois de Vincennes.

Cependant, à Blois, Marie de Médicis ne se résignait pas à l'éloignement du pouvoir. Craignant un retour d'autorité et une réconciliation de la mère et du fils, de Luynes avait entouré la reine d'une véritable armée d'espions et d'une garde imposante. Il avait d'ailleurs commis la faute de mécontenter la royale exilée en forçant d'abord Richelieu à regagner son diocèse et en le faisant ensuite partir pour Avignon.

Elle se trouvait ainsi livrée aux emportements de sa nature. Au moment du procès Barbin, elle voulut à tout prix venir à Paris s'expliquer avec son fils. Prévenu à temps, Luynes fit jurer à Marie de Médicis qu'elle ne mettrait pas son projet à exécution et qu'elle dénoncerait toutes les ouvertures qui lui seraient faites contre le service du roi. Mais son confesseur l'avait autorisée à jurer, avec cette restriction qu'un serment prêté par contrainte n'engage pas.

De même que Concini, de Luynes n'avait pas tardé à mécontenter les grands. Ceux-ci, ayant à leur tête le duc d'Épernon, formèrent une vaste conjuration ayant pour but de mettre en révolte ouverte la mère contre le fils et de s'emparer du pouvoir aux hasards d'une guerre civile.

Marie de Médicis devait quitter Blois où elle était prisonnière et se réfugier à Angoulême, capitale de la province dont le duc d'Épernon avait le gouvernement.

Dans la nuit du 22 février 1619, le projet fut mis à exécution. Son premier écuyer, le comte de Brenne, avait fait préparer une voiture noire attelée de quatre mules de même couleur.

Deux longues échelles donnaient accès du sol à une plate-forme et, de là, à la fenêtre de la reine. De Brenne monta. La fenêtre étant fermée, il frappa. On lui ouvrit, Marie de Médicis était prête. Elle avait revêtu une robe courte. Par précaution elle emportait des pierreries dans une cassette. Catherine, sa fidèle femme de chambre, devait l'accompagner, ainsi que le marquis du Plessis, frère aîné de l'évêque de Luçon qui avait abandonné la cour pour prendre le parti de la reine mère.

La reine troussa elle-même sa robe au-dessous de la taille et s'engagea tremblante sur l'échelle. La fenêtre était à plus de cent vingt pieds au-dessus du sol. Grosse et lourde, Marie de Médicis ne descendit qu'à grand'peine la première échelle.

Arrivée sur la plate-forme, elle dit :

— Brenne, cette échelle branle, je ne veux pas aller plus loin.

— Vous ne pouvez reculer, madame, il faut venir jusqu'au bout, maintenant.

Deux exempts qui accompagnaient l'écuyer mirent la reine dans un manteau et la descendirent ainsi sans encombre.

De Brenne et du Plessis la prirent chacun par un bras. Et le cortège gagna le pont sur la Loire, au bout duquel se trouvait la voiture. En route, ils croisèrent plusieurs officiers de la maison royale qui, sans reconnaître la reine, voyant, par ce temps de carnaval, une femme au milieu de ces hommes, firent à voix haute de faciles plaisanteries.

On ne trouva pas la voiture à la place convenue, et Marie pâlissait déjà, quand un laquais arriva, essoufflé, s'écriant :

— La voici, la voici, par la gauche.

La reine monta en toute hâte, les mules partirent, et l'on atteignit sans coup férir Loches, où le duc d'Épernon, à la tête de cent cinquante cavaliers, avait rejoint les fugitifs.

Après avoir écrit au roi qu'elle avait « résolu

de se mettre en lieu sûr afin de lui faire entendre la vérité, et lui indiquer les remèdes qu'il était

Marie de Médicis.

urgent de faire appliquer au mauvais état des affaires », elle gagna Angoulême.

Parvenue, le 23 février, à la cour, alors à Saint-Germain, la nouvelle de la fuite de Marie de Médicis y jeta un réel désarroi. Les avis étaient partagés. Quelques-uns voulaient immédiatement partir en guerre. D'autres préféraient temporiser. Le soulèvement général, escompté par le duc d'Épernon, ne s'étant pas produit, c'est au dernier parti qu'on s'arrêta.

On négocia avec Marie de Médicis. Le comte de Béthune, frère de Sully, le cardinal de La Rochefoucauld, le père de Bérulle, fondateur des prêtres de l'Oratoire, envoyés à Angoulême, échouèrent successivement dans leur mission.

C'est alors qu'un autre homme d'église, beaucoup plus diplomate et nullement mystique, qui, par des intrigues à petit bruit, commençait une des carrières les plus singulières du siècle, un capucin, le père Joseph du Tremblay, suggéra un expédient plus décisif et qui fut accepté sur-le-champ. C'était de rappeler Richelieu de son exil et de l'employer, comme médiateur officieux, entre la mère et le fils.

Richelieu quitta aussitôt Avignon et se dirigea, à marches forcées, sur Angoulême où il rejoignit la reine mère. Grâce à sa persévérante habileté, après plusieurs trêves suivies de nouvelles hostilités, la mère et le fils furent définitivement réconciliés à la suite de la journée connue sous le nom de « drôleries des Ponts-de-Cé ».

CHAPITRE V

Comme récompense de son succès, Richelieu avait demandé le chapeau de cardinal. On le lui promit, en effet. Mais, de concert avec le roi, de Luynes, qui pressentait en l'évêque de Luçon un rival redoutable, empêcha sa nomination d'aboutir.

On écrivit donc à Rome, selon l'usage, pour presser l'affaire. Cependant, elle n'aboutissait pas. Plusieurs consistoires avaient été tenus et le nom de Richelieu ne se trouvait pas parmi ceux des nouveaux cardinaux.

Après chaque déception, le marquis de Cœuvres, chargé d'affaires à Rome, homme bizarre, fantasque et violent, croyant qu'on ne tenait aucun compte des sollicitations de sa cour, jetait feu et flammes. Afin d'arrêter son emportement, on le

mit dans la confidence : il était dupe d'une ma-
nœuvre de Louis XIII.

Dans une audience qu'il lui accorda, le pape lui
montra plusieurs lettres du roi, disant de n'avoir
aucun égard aux démarches publiques faites dans
le but d'élever à la pourpre cardinalice l'évêque de
Luçon.

Cela traîna deux ans. Mais de Luynes étant
mort au moment même où il venait de se faire
nommer connétable, le roi s'étant de nouveau rap-
proché de Marie de Médicis, l'opposition cessa, et
le 5 septembre 1622, la cour se trouvant à Lyon,
Louis XIII remit la barrette au nouveau cardinal.
C'était le trente-septième anniversaire de sa naissance.

Michelet raconte ainsi comment Richelieu apprit
sa nomination : « Un gentilhomme, qui l'avait dé-
sobligé et désirait se rapprocher de lui, apprend,
le premier, la bonne nouvelle, saute à cheval, d'un
trait court à Lyon, force l'hôtel de l'évêque, sa
chambre, tombe à ses pieds :

— Votre Éminence est « cardinal ! »

« Cet homme si contenu ne tint pas à ce coup
de foudre. Comme tous les mélancoliques, il avait,
en ces occasions, des accès de joie folle, sauvage,

furieuse. Le voilà qui se met à danser dans la chambre devant le gentilhomme épouvanté. Puis, cette folie donnée à la nature, le nouveau cardinal rassis, froid autant que jamais, lui fit promettre, sur sa tête, de ne rien dire de ce qu'il avait vu. »

Voulant faire servir à ses ambitions politiques sa qualité de prince de l'Église, il se rendit auprès de Marie de Médicis et s'écria :

— Madame, cette pourpre, dont je suis redevable à la bienveillance de Votre Majesté, me fera toujours souvenir du vœu solennel que j'ai fait de répandre mon sang pour votre service.

La cérémonie de la remise de la barrette couronna dignement les fêtes qui se donnèrent à Lyon, à l'occasion du mariage de Gabrielle d'Estrées avec le marquis de La Valette.

D'une façon générale, la cour était sombre. Cependant, les courtisans s'efforçaient d'égayer le roi. Seuls, la danse et les ballets lui procuraient quelque plaisir.

On dansait dans la grande salle du Louvre Louis XIII, la reine et les plus grands seigneurs prenaient souvent part, comme acteurs, à ces somptueux divertissements.

Catherine de Médicis avait mis à la mode le

grand ballet, solennel et majestueux, qui succéda aux tournois, devenus très rares depuis le fatal accident arrivé à Henri II, en 1559.

Bientôt, on mêla la bouffonnerie la plus grossière à la noblesse de la danse. C'est ainsi que Louis XIII dansa un ballet intitulé :

« Le ballet de maître Galimathias, pour le grand bal de la douairière de Billebahaut et de son fanfan Sotteville. »

Plus tard, le duc de Nemours monta le ballet des *Goutteux*. Atteint de goutte à ne plus pouvoir remuer, le jour même de la représentation, il se fit apporter dans un fauteuil au milieu de la danse dont il marquait la mesure avec un bâton.

Ce fut Louis XIII qui établit des maîtrises pour les maîtres de ballet et les joueurs de violon. Richelieu, qui affectionnait la pompe et l'emphase, ne dédaignait pas de s'occuper de ces représentations. Il en organisa plusieurs, notamment ceux intitulés le *Monde* et la *Prospérité des armes de France*. Il eut à sa solde plusieurs maîtres de ballets, en autres Boccane, qui donna son nom à un pas de danse; Durand, courtisan sans grands talents; le poète Benserade, parent du cardinal, composa plusieurs livrets.

Les rois et les princes profitaient des ballets pour faire des cadeaux aux gens de leur cour. La galanterie consistait à ménager si bien la délicatesse de ceux qui les recevaient que les dons parussent faire partie de l'action théâtrale elle-même.

C'est après un ballet que Louis XIII imposa la barette au cardinal de Richelieu. Désormais, il pouvait prétendre aux plus hauts emplois et réaliser le rêve de domination qu'il avait formé dès sa jeunesse.

Rentrée au conseil après la mort du duc de Luynes, Marie de Médicis s'employa avec persévérance à favoriser la fortune du cardinal. Pour réussir, elle devait ruiner le crédit des ennemis de son confident et faire taire les préventions du roi. Quand elle prononçait son nom pour un portefeuille, le roi lui répondait :

— Ne me parlez pas de cet homme-là, ma mère ; c'est un ambitieux qui mangerait mon royaume.

Et on allait répétant à Louis XIII que le ministère de Richelieu serait celui de Concini sous la robe cardinalice.

En femme avisée, Marie de Médicis changea ses batteries. Afin de ne pas demander directement un ministère pour le cardinal, elle en fit faire la proposition par le conseil lui-même.

— Mais c'est ma démission que vous me demandez là, avait dit La Vieuville, quand la reine mère lui fit les premières ouvertures.

Toutes ces intrigues aboutirent. Le 26 avril 1624, au retour d'une chasse à Compiègne, dans le salon de la reine, sa mère, Louis XIII annonça le fouet à la main, au milieu de sa meute, que l'évêque de Luçon, cardinal de Richelieu, était admis en son conseil comme secrétaire d'État.

Cette nomination fut favorablement accueillie. En l'apprenant dans son austère retraite, le vieux Sully s'écria que le « roi avait été comme inspiré de Dieu en choisissant l'évêque de Luçon comme ministre ».

Ainsi commence le grand ministère. Richelieu, alors, a trente-neuf ans. Bien que sa santé laisse toujours à désirer, il est dans la pleine force de son génie. Après sept ans d'absence, il revient au pouvoir avec un programme grandiose dont la réalisation augmentera la puissance de la France en assurant l'équilibre de l'Europe.

Mais il ne peut accomplir les grandes choses qu'il rêvait sans susciter la haine des envieux et

sans encourir l'impopularité des foules. Ses dé-
penses personnelles soulevaient des protestations
nombreuses, à une époque où les impôts étaient
déjà très lourds.

Sully.

Il avait un train de maison plus que princier et
ce qu'on peut appeler sa liste civile s'élevait à
quatre millions de livres, ce qui fait vingt millions
de notre monnaie.

Richelieu sacrifia aussi au goût toujours dispendieux de bâtir. Il agrandit le château de Richelieu, berceau de sa famille et construisit alentour une véritable ville.

Paris lui doit de sérieux embellissements. Il étendit son enceinte, provoqua l'ouverture de nouvelles voies et l'édification de nouveaux quartiers.

En souvenir de ses débuts et de son passage à la Sorbonne, il fit restaurer le vieil édifice où s'épanouit la gloire immortelle des lettres françaises. Le cardinal songea aussi à lui-même en faisant construire à grands frais, par l'architecte Lemercier, un vaste palais, près du Louvre. Pour cela, il acquit, de gré ou de force, les terrains nécessaires et fit démolir le vieux rempart commencé par Charles V, terminé par le prévôt des marchands, Étienne Marcel. Ainsi disparaissait la porte Saint-Honoré contre laquelle eut lieu, le 3 septembre 1429, l'attaque de Jeanne d'Arc contre Paris, alors au pouvoir des Anglais.

Somptueux était ce monument, qui porta tout d'abord le nom de son auteur. Et le personnage du *Menteur* qui s'exprimait ainsi à son sujet, disait, cette fois, la vérité :

> Et l'Univers entier ne peut rien voir d'égal
> Aux superbes dehors du Palais Cardinal ;
> Toute une ville entière, avec pompe bâtie,
> Semble, d'un vieux fossé, par miracle sortie.

En effet, suivant l'exemple du premier ministre, la noblesse avait fait construire de beaux hôtels. Lui, le cardinal-duc, n'avait rien épargné pour que son palais fût la plus riche habitation de la capitale.

Il le garnit de tapisseries précieuses, de meubles curieux et rares, tirés des pays étrangers ; d'objets d'art de haute valeur ; de tableaux de grand prix. On raconte qu'il offrit d'un tableau de fra Sébastien del Piombo, la somme quasi fabuleuse de quarante mille écus, ce qui équivaut à plus de cinq cent mille francs de notre monnaie.

Enfin, il forma un musée d'antiquités où, entre autres chefs-d'œuvre, on remarquait une statue de Bacchus qui porte encore aujourd'hui le nom de son possesseur, comme on dit l'Hercule de Farnèse et la Vénus de Médicis.

On admirait encore un buffet en argent ciselé, une chapelle de diamants, ainsi nommée parce que les objets d'orfèvrerie qui la composaient, destinés au service du culte, étaient tout incrustés de ces pierres précieuses ; et enfin, un très beau diamant solitaire dont l'imagination populaire exagérait la grosseur et le prix.

A l'extérieur, Richelieu avait prodigué les sculptures représentant les proues de vaisseau, en l'honneur de la charge de surintendant de la marine qu'il s'était fait octroyer à l'heure où il jetait les bases du premier empire colonial de la France.

Ce faste excita le mécontentement populaire. Pour y mettre un terme, le cardinal eut l'idée de prouver son désintéressement en faisant à Louis XIII donation de son hôtel et des trésors qu'il contenait. Le roi accepta cette offre et l'acte qui en fut dressé mérite d'être reproduit :

« Le cardinal, y est-il dit, avait prié Sa Majesté d'ajouter aux immenses bienfaits dont il lui était redevable, la faveur d'agréer qu'il lui donnât quelque marque de son ressentiment qui (bien que très petite, en comparaison des obligations infinies qu'il a à un aussi bon maître) témoignerait au moins à la postérité que ce n'est pas manque d'affection, mais la disproportion si extrême qu'il y a d'un sujet à son souverain et au plus grand roi du monde, qui l'empêche de lui rendre de plus grandes preuves de sa reconnaissance. »

Néanmoins, Richelieu conserva l'usufruit de son palais qui, à dater de cette donation, devint le Palais Royal. Il se trouvait plus à l'aise, dans cette demeure princière, que dans son ancien hôtel de la place Royale ou dans les appartements mis à sa disposition par la reine mère, au Petit Luxembourg.

D'ailleurs, le cardinal avait une véritable garde du corps qu'il fallait bien loger. En effet, à la suite de divers attentats préparés contre lui, le roi avait autorisé son premier ministre à lever une garde composée de mousquetaires dont l'institution était récente.

Par ordonnance rendue de concert avec la reine mère, il est spécifié que les douze capitaines qui sont au service de celle-ci résideront désormais auprès du cardinal de Richelieu, le suivront et l'accompagneront partout, « pour s'opposer aux entreprises qui pourraient être faites contre lui ».

Ces mousquetaires portaient une casaque semblable, comme forme, à celle des mousquetaires du roi, mais dont la couleur était rouge à croix d'argent, avec des galons rouges et argent, tandis que celle des mouquetaires royaux était bleue à croix d'argent fleurdelysée et flammée de rouge galonné d'argent.

Cette garde rendait à Richelieu des honneurs quasi souverains. Sur son passage, elle présentait les armes, conformément à l'habitude de l'époque, le mousquet abaissé à la hauteur de l'épaule et appuyé sur la fourquine.

CHAPITRE VI

Richelieu n'avait pas seulement les attributs extérieurs du pouvoir, il en exerçait les prérogatives, et cela pour le plus grand bien de la France. En effet, l'œuvre de Henri IV avait été compromise par quinze ans de désordres et de faiblesse.

Il était grand temps d'y mettre bon ordre. Pour cela, il fallait trois choses : que la haute noblesse fût définitivement contrainte à l'obéissance au roi et à la loi ; que le protestantisme cessât d'être un parti armé dans l'État ; que la France pût choisir ses alliés librement dans son intérêt et dans celui de l'indépendance européenne. C'est à ce triple objet que le ministre dictateur employa sa puis-

DÉMOLITION DES FORTERESSES.

sance d'esprit, son infatigable activité, des pas-
sions ardentes et une force d'âme héroïque.

Pendant les dix-huit années de son pouvoir, il
marcha droit au but, sans une heure de défail-
lance, brisant impitoyablement tous les obstacles,
n'ayant d'autre guide que la raison d'État. C'est
pour justifier sa politique qu'il prononça ces ter-
ribles paroles :

Je n'ose rien entreprendre sans y avoir bien
pensé; mais quand une fois j'ai pris ma résolution,
je vais à mon but, je renverse tout, je fauche
tout, et ensuite je couvre tout de ma soutane
rouge.

Pour assurer l'unité nationale, reprenant l'œuvre
de Charles V, de Louis XI et de Henri IV, il ordonna la démolition des forteresses et des châteaux inutiles à la défense du royaume, cantonne-
ments de la noblesse factieuse et de la soldatesque
des guerres civiles. Cette besogne ayant été confiée à la diligence des provinces et des municipa-
lités, les masses plébéiennes se levèrent pour
abattre, de leurs mains, les murs crénelés, repaires
de tyrannie ou de brigandage, que, de génération
en génération, les enfants apprenaient à maudire.
Selon la vive expression de Henri Martin, « les

villes coururent aux citadelles, les campagnes aux
châteaux, chacun à sa haine ».

Au dehors, il importait de dégager la France
de la puissante étreinte de la maison d'Autriche.
Avant d'entamer la grande lutte qui devait aboutir
à la paix de Westphalie, Richelieu suscita des
guerres indirectes afin de couper en deux ce co-
losse à deux têtes.

C'est ainsi que le cardinal négocia le mariage
de la sœur de Louis XIII, Henriette de France,
avec Charles Ier d'Angleterre.

Cette union avait le double avantage d'éloigner
la cour de Londres de la cour de Madrid et d'empêcher les Anglais de fournir des subsides aux
protestants.

Charles Ier envoya à Paris son favori, Georges Vil-
liers, duc de Buckingham, pour négocier le mariage et conduire auprès de son époux la future
reine d'Angleterre.

Buckingham était le cavalier le plus accompli
de son temps. Il vint en France avec la volonté
d'éblouir la cour, et il y réussit en déployant une
pompe inouïe. Sa suite comprenait huit nobles titrés, six gentilshommes non titrés, six chevaliers
ayant chacun six pages et six laquais. Quant à son

service particulier, un personnel innombrable y
était attaché.

La cour donna de grandes fêtes en son honneur. A l'une d'elles, Buckingham parut avec un
costume qui ne valait pas moins de deux millions.
Il était vêtu d'un pourpoint de satin rose broché
d'or et portait sur ses épaules un manteau de velours gris clair, tout brodé de perles fines. Ces
perles étaient retenues par un fil de soie si frêle
qu'en marchant le fil se rompit : les perles rou-
lèrent à terre. Il y en avait pour deux cent mille
livres.

Croyant à un accident, les courtisans se bais-
sèrent pour les ramasser, mais Buckingham refusa
d'en reprendre une seule, laissant à chacun la part
que le hasard lui avait faite.

On donna également un grand ballet dans lequel le duc parut avec un costume de velours
glacé, orné des principaux diamants de la cou-
ronne d'Angleterre.

Le mariage de la reine eut lieu le 11 mai 1625.
Charles Ier étant protestant et la princesse catholique, on adopta le même cérémonial que pour les
noces de Henri IV et de Marguerite de Valois.
Le grand aumônier de la cour célébra cette union

sur un échafaud dressé devant le grand portail de Notre-Dame.

Accompagnée jusqu'à Amiens par la cour, la

Duc de Buckingham.

nouvelle reine partit pour l'Angleterre. Elle devait en revenir vingt ans après dans de tristes circonstances. C'est de cette malheureuse princesse que Bossuet devait célébrer les vertus d'une voix si éloquente.

Mais la grande politique de Richelieu ne fut pas comprise de tout le monde.

Une alliance de la France avec les cours protestantes d'Angleterre et de Hollande dérouta quelques esprits simples et fut pour les autres un prétexte à cabale. On appela le premier ministre « cardinal d'État » ou « pape des huguenots ».

On fomenta même contre lui ce qu'on appela la conspiration des dames ou des reines. Les grands ne pouvaient souffrir Richelieu, dont l'autorité et la puissance étaient un obstacle à leurs desseins. Ils n'aimaient pas davantage le roi, bègue, morose, maladif et, en somme, peu libéral.

Escomptant d'avance sa disparition, ils se rallièrent autour de son frère, Gaston, duc d'Anjou, dont ils firent un chef de parti.

Un mariage, projeté par Richelieu, de Monsieur avec Henriette de Montpensier fut le prétexte. Le jeune comte de Chalais, gentilhomme de la Chambre, héritier de la famille Talleyrand-Périgord prononça cette parole imprudente :

— Si on ne peut se battre avec un cardinal, du moins peut-on le supprimer.

Et il fut décidé qu'on attirerait Richelieu dans

sa retraite de Fleury, près de Fontainebleau pour l'y assassiner.

Mais le projet ayant été éventé, tout le monde, à commencer par le duc d'Anjou, fit des excuses au premier ministre.

— Vous voyez à quels coups on en vient contre moi, dit celui-ci à Marie de Médicis et au roi.

— Quiconque vous attaquera, vous m'aurez pour second, répondit Louis XIII.

Et il tint toujours parole.

Fort de cet engagement royal, Richelieu, après avoir fait arrêter le maréchal d'Ornano, fit également enfermer les deux frères de Vendôme et n'hésita pas, un nouveau complot ayant été ourdi, à mettre la main sur le comte de Chalais.

C'était un élégant jeune homme, grand ami de la duchesse de Chevreuse, favorite d'Anne d'Autriche, beau, dit la chronique, comme un page de Henri III. Mis en jugement, il fut, le 19 août 1626, condamné à mort pour crime de lèse-majesté. La sentence fut mise à exécution le lendemain. Au dernier moment, les amis du comte de Chalais, à force de menaces et d'argent, ayant décidé le bourreau à se cacher, on tira de prison un cordonnier à qui on accorda sa grâce pour qu'il remplaçât le bourreau. Cet inhabile exécuteur donna à Chalais plus de trente coups de hache et d'épée avant de pouvoir le décapiter. On prétend qu'au vingtième coup, Chalais se plaignait encore.

Cet exemple fut salutaire. Il montra que Richelieu n'hésiterait pas à frapper, aux pieds du trône, ceux qui attentaient à l'autorité royale. Mais là ne se borna pas sa lutte contre l'arrogance et l'indiscipline des grands.

Depuis quelque temps la noblesse apportait une sorte de forfanterie à enfreindre les ordonnances de Henri IV et, de Richelieu contre le duel. On assure que, de 1590 à 1610, plus de huit mille lettres de grâce avaient été délivrées contre des gentilhommes ayant tué leurs adversaires en champ clos.

Sous Louis XIII, les duels étaient si communs, qu'on s'abordait ainsi le matin :

— Qui s'est battu hier ?

Et le soir :

— Qui s'est battu ce matin ?

Dans l'hôtel de Royaumont, le comte de Montmorency-Boutteville bravait audacieusement les défenses du roi. Chez lui, dans une salle basse, où l'on était toujours sûr de trouver du pain, du vin

et des fleurets, se réunissaient les raffinés d'honneur : Bussy, des Chapelles, Louvigny, Thémines,

Chalais conduit au supplice.

de Valençay, le baron de Chantal, le comte de
Chalais, le chevalier d'Andrieux, qui, à trente ans,

se vantait d'avoir déjà tué soixante-douze hommes.

Boutteville avait coutume de répéter à ses amis :

Après la démangeaison que j'ai de me battre, vous êtes ce que j'aime le mieux.

Il suffisait de lui dire par hasard : « Un tel est brave » pour qu'il l'allât aussitôt trouver :

— Monsieur, lui faisait-il, j'ai appris que vous étiez un brave, il faut donc que nous nous battions ensemble.

Déjà, il avait dû quitter la France, à la suite d'un duel. L'archiduchesse gouvernante des Pays-Bas ayant demandé inutilement sa grâce, il dit :

— Puisque le roi ne veut pas que je rentre à Paris, j'irai m'y battre, en pleine place Royale et en plein jour.

Il le fit ainsi et se battit avec Beuvron, le 22 mai 1627, veille de l'Ascension, sous les fenêtres du baron de Chantal, celui qui fut le père de Mme de Sévigné.

Il avait pour seconds des Chapelles et La Berthe; Beuvron était accompagné de son écuyer, Buquet, et de Bussy d'Amboise. Un combat terrible, à l'épée et au poignard, s'engagea, dans lequel Bussy fut tué par des Chapelles, La Berthe dangereusement blessé par Buquet.

Boutteville et Beuvron, au moment où ils levaient leurs poignards l'un sur l'autre, se demandèrent mutuellement la vie. Le combat était terminé. Tous s'enfuirent, abandonnant le cadavre de Bussy et laissant La Berthe aux soins du baron de Chantal; mais Boutteville et des Chapelles, poursuivis de près, furent arrêtés à Vitry.

En apprenant cette équipée, Richelieu entra dans une violente colère.

— Il s'agit, dit-il à Louis XIII, de couper la gorge aux duels ou aux édits de Votre Majesté.

On fit donc le procès des audacieux duellistes.

Condamnés à être décapités, Boutteville et des Chapelles furent exécutés à la Grève, le 22 juin 1627. Boutteville fut frappé le premier et ne voulut pas que le bourreau lui bandât les yeux. Des Chapelles baisa la main encore chaude de son ami et dit ces derniers mots :

« Prions pour lui! »

Contre les protestants, Richelieu devait agir avec la même énergie. On exagérait généralement les idées du Cardinal, à l'égard des Huguenots.

« On me condamne à Rome comme un hérétique, était-il amené à dire au nonce Spada; bientôt on m'y canonisera comme un saint. »

De ce qu'il ait été contraint de lutter contre certaines prétentions territoriales de la cour de Rome; de ce qu'il ait jugé bon de soutenir de ses subsides les protestants d'Allemagne et de Hollande, il ne s'ensuivait nullement que le Cardinal fût disposé à laisser les réformés de France contrevenir aux lois du royaume et méconnaître l'autorité souveraine.

Non satisfaits de la paix de Montpellier (1622) qui confirmait l'édit de Nantes, les protestants avaient repris les armes au début du ministère de Richelieu. Occupé à d'autres besognes, celui-ci ne s'en occupa guère, tout d'abord.

Dans un accès de vanité froissée, Buckingham ayant rompu, en 1627, avec la France, envoya du secours aux protestants de La Rochelle. En août, une flotte anglaise arriva, avec mission de s'emparer des îles de Ré et d'Oléron.

Buckingham fit débarquer ses troupes dans la première de ces îles où le gouverneur, Toiras, l'attendait avec trois mille hommes d'élite. Louis XIII partit aussitôt pour le théâtre des hostilités; mais étant tombé malade en route, il chargea Richelieu de pourvoir à tout.

Celui-ci déploya une prodigieuse activité. Avec un esprit merveilleux d'organisation, il élabora un plan général de combat et prépara lui-même, jusqu'au moindre détail, le moyen de le faire réussir. Secondé par l'évêque de Maillezais et l'abbé de

Toiras.

Marcillac, qui partageaient sa confiance avec le père Joseph, il fit hâter la construction de la flotte, arma en guerre des bâtiments marchands, forgea quantité de canons, fabriqua de la poudre, fondit des balles, prépara des grenades et des pots à feu.

Il fit graver sur les canons cette devise : *Ratio ultima Regum*. L'artillerie portait en outre les armes du roi et une ancre avec, en dessous, le nom du cardinal de Richelieu.

Après un combat où ils acquirent difficilement l'avantage du nombre, les Anglais mirent le blocus devant la citadelle de Saint-Martin. Toiras pouvant tenir, c'était assez pour laisser au secours le temps d'arriver.

Dans la nuit du 7 au 8 octobre, une escadrille de trente-cinq barques à voiles et à rames partit des Sables-d'Olonne au cri de : « Passer ou mourir ! » Avec une audace et un bonheur inouïs, elle traversa la flotte anglaise, força une estacade flottante faite avec des mâts et des câbles et apporta aux défenseurs de Saint-Martin quatre cents hommes de renfort et des vivres pour six semaines.

Quelque temps après, Richelieu et le roi étant arrivés au camp, devant La Rochelle, une armée de six mille Français, commandée par le maréchal Schomberg, débarqua dans l'île et, après avoir fait sa jonction avec Toiras, marcha contre Buckingham. A cette nouvelle, les Anglais abandonnèrent le siège et regagnèrent leurs navires. Schomberg les poursuivit. Quand il les atteignit, Buckingham

et la tête de son armée avaient déjà gagné l'île
d'Oie. Un combat s'engagea avec l'arrière-garde.
Quinze cents à deux mille Anglais furent tués,
noyés ou pris ; les chevaux, les bagages et quatre
canons tombèrent aux mains des Français.

Quarante-quatre enseignes anglaises furent en-
voyées par le roi à Paris et appendues aux voûtes
de Notre-Dame.

Profitant du premier vent favorable, Buckingham
mit à la voile, abandonnant les Rochelois aux
forces du roi et à la volonté de Richelieu.

Celui-ci se trouvait donc seul en face de la mé-
tropole du protestantisme français. Ayant résolu
de la réduire à l'obéissance, il fit, devant la Rochelle, les préparatifs d'un siège difficile et long.
Il s'installa dans une petite maison et organisa tout
par lui-même. Il n'avait pas seulement à vaincre
La Rochelle, il lui fallait encore lutter contre trois
rois.

Dans son testament, Richelieu compare à un
couvent bien réglé le camp de La Rochelle. En
effet, donnant même aux maréchaux des ordres
qu'ils recevaient respectueusement, le général en
chef était un cardinal qui tous les matins célébrait
la messe sous les yeux des troupes.

Autour de lui, bourdonnait un état-major actif composé de prélats belliqueux, l'évêque de Maillezais, l'évêque de Mende, l'évêque de Nîmes, l'abbé de Marcillac. Accompagnant le père Joseph, une nuée de capucins et de récolets catéchisaient les soldats.

Et vraiment, c'était un singulier cortège que ce général en chapeau rouge, portant allègrement une armure sous sa soutane et entouré d'un état-major en mitre et en froc.

On entreprit des lignes de circonvallation de trois lieues de tour, flanquées de onze forts et de dix-huit redoutes, afin d'enserrer la ville du côté de la terre. Restait la mer, par laquelle les Rochelois pouvaient se ravitailler et recevoir du secours de l'étranger.

Un ingénieur italien avait conçu dès 1621, le projet de barrer le canal de La Rochelle ; mais les moyens qu'il imaginait, une chaîne de fer et une estacade flottante, avaient été reconnus insuffisants, lorsque Métézeau, architecte du roi, et Tiriot, maître maçon de Paris, proposèrent de jeter en travers du canal une digue de sept cent quarante toises, ouverte au milieu pour le passage des marées.

« La digue, dit Henri Martin, devait être construite en pierres sèches et en talus, afin d'amortir la violence du flot, et assez éloignée des remparts de La Rochelle pour n'en pas craindre le canon.

La grandeur de ce dessein saisit le cardinal. Le roi et le conseil de guerre applaudirent, et l'on commença de travailler aux deux extrémités de la digue, au commencement de novembre. Plus d'une fois, l'Océan furieux défit en une heure l'ouvrage d'une semaine. Le travail de trois mois fut perdu par la faute du maréchal de camp, Marillac, qui avait fait faire la digue droite au lieu de la construire en talus. La patience de l'homme vainquit, enfin, la fougue de l'orageux élément. »

Richelieu avait présidé à ce travail gigantesque, un Quinte-Curce à la main, lisant le second et le troisième chapitres du quatrième livre de cet historien, qui décrivent une entreprise semblable exécutée par Alexandre pour la prise de Tyr.

En avril, tout était terminé, et La Rochelle complètement investie. Le cardinal fit sommer inutilement la ville de se rendre. Elle avait élu comme maire un farouche marin, Guiton, qui, pour prise de possession de ses fonctions, avait jeté sur la table du Conseil un poignard destiné à percer le cœur du premier qui parlerait de capituler.

Il ne fallait pas songer à l'assaut. On compta donc sur la famine. Celle-ci se fit bientôt sentir. Un conseiller ayant parlé de reddition, Guiton, en pleine séance, le souffleta. Un autre ayant dit que tout le monde mourait de faim, le maire répondit héroïquement :

« Pourvu qu'il en reste un pour fermer les portes, c'est assez ! »

La Rochelle attendait des secours de l'Angleterre. Une première flotte parut le 11 mai ; mais après avoir constaté l'importance des travaux du siège, elle regagna le large. Une seconde, formidable, fut armée à Portsmouth, à la tête de laquelle devait être placé Buckingham. Mais il fut assassiné au moment de s'embarquer et remplacé par lord Lindsay.

Cette armada arriva devant La Rochelle, le 30 septembre 1628. On resta deux jours en présence. Le troisième jour, les Anglais s'avancèrent à la faveur du vent et de la marée. Ce fut un imposant spectacle. Toute l'armée française était sur la digue. De tous les points du territoire, la noblesse était accourue à l'annonce du danger, pour prendre part à la « journée ». Le roi était en personne aux

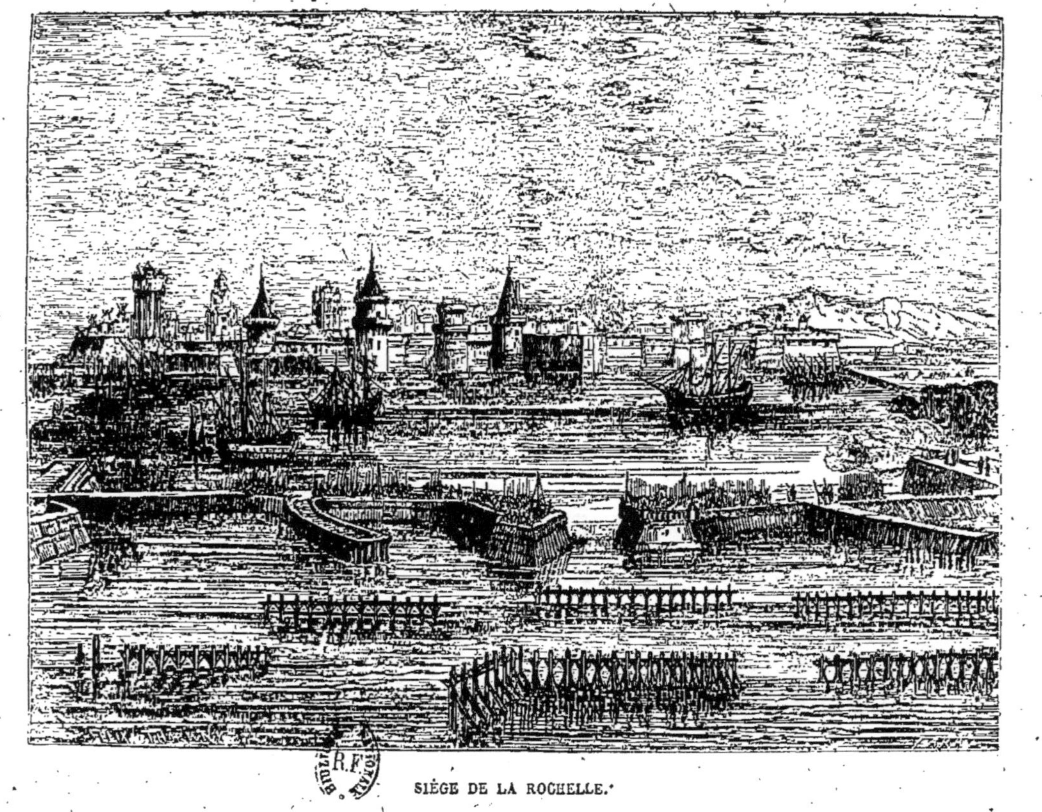

SIÈGE DE LA ROCHELLE.

batteries du chef de baie. Le cardinal, lui, attendait l'ennemi, debout sur sa digue enfin terminée, au centre de cette grande scène où se jouait l'avenir du pays.

Attaquée avec fureur d'un côté par les Anglais, avec rage de l'autre par les Rochelois, la digue se défendit merveilleusement. Le principal vaisseau-mine fut coulé à fond par l'amiral français; les batteries de la côte démâtèrent une ramberge de cinquante canons et maltraitèrent fort plusieurs autres bâtiments.

Le lendemain, un second engagement ne fut pas plus heureux. Aussi, les Anglais abandonnèrent-ils la lutte, laissant La Rochelle à sa situation désespérée.

Elle fut obligée de se rendre. Seul contre tous, Guiton avait enfin cédé. Il n'avait plus que 136 hommes en état de tenir les armes. Le 30 octobre, la ville fut occupée par les gardes françaises et suisses. Les maisons, les rues, les places étaient encombrées de cadavres que personne n'avait le courage d'ensevelir. La moitié de la population était morte de faim; une mère avait mangé sa fille; un père avait nourri son fils de son sang. Richelieu fit son entrée le 30, à cheval. Il célébra la

messe, puis alla porter au roi les clefs de la ville.
Louis XIII y vint à son tour. Le cardinal marcha
tout seul devant le roi, pour montrer à tout le
monde qu'il était le second personnage de France.

Toujours fier, Guiton se présenta devant le ministre, qui lui demanda ce qu'il pensait des rois
de France et d'Angleterre.

— Je pense, répondit le vieux huguenot, qu'il
vaut mieux avoir pour maître le roi qui a pris La
Rochelle que le roi qui n'a pas su la défendre.

Après y être restés treize mois, Louis XIII et Richelieu quittèrent La Rochelle pour rentrer à Paris.
Le cardinal prépara une entrée triomphale. Les
îlots du peuple, avec ses échevins en tête, accueilli-
rent le roi vêtu en Jupiter Stator, un foudre doré
à la main, tandis que les poètes et les écrivains cé-
lébraient, en pompeuses déclamations, ses exploits
pendant le siège.

CHAPITRE VII

La Rochelle prise, le dernier rempart du protestantisme tombé, Richelieu, tournant son activité vers la politique extérieure, commença la lutte contre la maison d'Autriche.

Profitant des embarras intérieurs du pays, l'empereur et le roi d'Espagne contestaient à un Français, le duc de Nevers, la succession de Mantoue et du Montferrat. Une bande de héros étaient assiégés dans Casal par les Espagnols. Le cardinal résolut de les délivrer. Opération des plus importantes, ce petit pays formant le point de jonction des deux tronçons de la puissance autrichienne.

Accompagnant le roi, Richelieu partit pour l'Italie. Il demanda le passage des Alpes au duc de Savoie. Celui-ci ayant refusé, Louis XIII décida,

malgré les difficultés de l'entreprise et les rigueurs de la saison, de forcer le pas de Suze.

C'est un étroit défilé, qui, sur un quart de lieue de long a quelquefois moins de vingt pas de large et qu'obstruent çà et là des roches éboulées. Il avait été coupé de trois fortes barricades, couvertes par des boulevards et des fossés ; les rochers qui le commandent des deux côtés étaient couronnés de soldats et protégés par de petites redoutes ; enfin, le canon du fort Talasse, bâti sur une montagne voisine, balayait l'espace découvert entre Chaumont et l'entrée de la gorge. C'était une de ces positions dans lesquelles une poignée d'hommes peut aisément arrêter une armée. Et Charles-Emmanuel avait jugé suffisants à la défense les 2.700 Piémontais qui occupaient ces ouvrages.

Quand, le 6 mars 1629, le comte de Comminges, précédé d'un trompette demanda le passage au comte de Verrue, celui-ci répondit au nom de Charles-Emmanuel :

— Si les Français veulent le passage, qu'ils viennent le prendre.

L'attaque commença aussitôt. Les gardes françaises et suisses, la noblesse volontaire, les mousquetaires à cheval du roi se ruèrent de front sur les barricades.

Avec un réel courage, le roi, suivi de deux détachements de mousquetaires et des enfants perdus de l'armée, escaladèrent les rochers et parurent sur une position dominant les retranchements de l'ennemi.

Aux premières décharges qui éclatèrent au-dessus de leur tête, les Piémontais furent pris d'une terrible panique et abandonnèrent le défilé, poursuivis l'épée dans les reins jusqu'à Suze.

Sur le champ de bataille même, le roi écrit de sa main à sa mère :

— Madame, voyant que le duc de Savoie ne nous voulait donner le passage, je me résolus de le forcer ; l'affaire a si bien réussi que nous avons exécuté tout notre dessein ainsi qu'on le pouvait désirer.

Ce hardi fait d'armes eut en France et en Europe un retentissement considérable. On vantait la valeur de Louis XIII et de sa noblesse et les poètes comparaient l'affaire du pas de Suze au passage des Alpes par Annibal ou à la fabuleuse expédition des Argonautes.

Et cependant, ces premières opérations n'étaient

que les escarmouches de la grande lutte que la
France, en prenant part à la guerre de Trente ans,
allait soutenir contre la maison d'Autriche.

Cardinal Richelieu.

Gasal était libérée. Mais, pour complaire à l'Espagne, l'empereur Ferdinand détacha une partie
de ses forces opérant dans le Nord et, dès la fin de
mai 1629, les lança dans les plaines de Lombardie,
en sommant les Français d'évacuer les « fiefs im-

périaux d'Italie ». Spinola assaillit le Montferrat pendant que Colalto envahissait le Mantouan.

Richelieu ne voulut pas laisser perdre les avantages de l'affaire de Suze. Ces positions éminemment stratégiques étant menacées par les Impériaux, le cardinal partit pour l'Italie, le 29 décembre 1629, avec pleins pouvoirs. Il s'était fait nommer « lieutenant général représentant la personne du roi en son armée tant dedans que dehors du royaume ».

A la tête de quinze mille hommes, Richelieu guerroya d'abord chez le duc de Savoie qui s'était déclaré pour l'Empire.

Il chevauchait, la cuirasse sur le dos, le chapeau à plumes sur la tête l'épée au côté et les pistolets à l'arçon.

Pignerol fut prise, ainsi que divers autres châteaux, dont la possession mettait dans les mains de la France, les clefs de l'Italie avec les débouchés des Alpes dauphinoises. Dès les premiers jours de juin, toute la Savoie était conquise.

Cependant il fallait secourir Casal, où Toiras et sa brave garnison étaient serrés de près par les Impériaux.

Louis XIII, qui était venu rejoindre son lieute-

nant général, envoya dans le Piémont une dizaine
de mille hommes, placés sous les ordres du duc
de Montmorency et du marquis d'Effiat.

Campé à Vegliana, avec dix-huit mille Italiens,
Espagnols et Allemands, le duc de Savoie voulut
leur barrer la route. Mais son armée fut culbutée.
Elle comptait ces fameux soldats de Wallstein et
de Tilly, qui, sans connaître la défaite, avaient

MAZARIN ARRÊTANT LES DEUX ARMÉES.

combattu de la Bohême jusqu'à la Baltique et qui s'étaient donné à eux-mêmes le nom « d'Invincibles ». Montmorency et d'Effiat avaient fait des prodiges de valeur.

Pendant que la France remportait cette brillante victoire, Mantoue, défendue par les Vénitiens, était tombée aux mains des Impériaux et Toiras, contraint d'évacuer la ville, s'était enfermé dans la citadelle de Casal.

Ayant opéré leur jonction, les troupes du roi et celles de Richelieu volèrent au secours de cette dernière place. Déjà, les deux armées étaient en présence sous les murs de la ville. Elles n'étaient pas à cinq cents pas l'une de l'autre, et la canonnade avait commencé.

Tout à coup, bravant les balles de la mousqueterie et les boulets des couleuvrines, un jeune cavalier surgit au milieu des combattants. Courant à bride abattue vers les Français, il agitait un papier criant :

Pace! Pace! Treva!

C'était Mazarin, légat du pape, qui, servant d'intermédiaire entre les deux partis, avait réussi, par son habileté, à faire accepter par les chefs des armées les préliminaires de la paix de Ratisbonne.

Ce dénouement dramatique d'une grande guerre eut un profond retentissement, et l'action d'éclat du signor Giulio Mazarini commença sa réputation. Richelieu avait, en effet, pénétré la vive et souple intelligence du jeune diplomate. Il se l'attacha, se lia d'amitié avec lui et, plus tard, sentant la mort approcher, il le désigna comme son successeur.

Richelieu avait accueilli avec empressement la nouvelle de la conclusion de la paix, négociée à la diète de Ratisbonne par le père Joseph. Il avait hâte, en effet, d'être libéré des affaires d'Italie pour se consacrer à la situation intérieure et détourner de sa tête un orage qui grossissait à la cour.

CHAPITRE VIII

Depuis le siège de La Rochelle, Marie de Médicis s'était brouillée avec son protégé. Trouvant
qu'il lui faisait la part trop mince dans la direction
de l'État, elle n'eut plus qu'un désir : le renverser
du pouvoir.

Alliée à Anne d'Autriche, la reine mère guetta
l'occasion de ruiner le crédit du cardinal. Celle-ci
se présenta au moment d'une grave maladie du
roi. Marie et Anne entourèrent Louis XIII de soins
tendres ou de prévenances affectueuses et arra-
chèrent à sa faiblesse la promesse du renvoi de
Richelieu dès son retour à Paris.

Comprenant le danger, ce dernier s'efforça de le

détourner en se montrant plus soumis que jamais devant Marie de Médicis. Mais quand la cour fut réinstallée à Paris, elle importuna le roi pour qu'il mît sa promesse à exécution. Louis XIII hésitant à se séparer d'un ministre dont la politique se réalisait pour le plus grand profit du pays, elle recourut à la violence.

Elle feignit de céder et consentit à reprendre comme dame d'atour Mme de Combalet, la nièce du cardinal, et à avoir avec celui-ci une entrevue de réconciliation. Ce fut, au contraire, une scène des plus orageuses. Marie de Médicis s'abandonna, contre Richelieu, aux plus violents emportements. Elle le chassa et lui défendit de se représenter jamais devant elle.

Très contrarié, Louis XIII quitta le Luxembourg et regagna l'hôtel des ambassadeurs extraordinaires qu'il habitait pendant qu'on réparait le Louvre et se coucha. Si grande était sa fureur qu'en se déshabillant, il arracha tous les boutons de son pourpoint.

Le lendemain, le roi se rendit de nouveau chez sa mère pour la ramener à la raison. Marie de Médicis, au contraire, espérait remporter définitivement la victoire en faisant violence à son fils.

Afin de n'être pas dérangée elle fit fermer les portes de ses appartements.

Mais, à peine le roi èt sa mère étaient-ils en présence que la porte dérobée de la petite chapelle qui donnait dans le cabinet de la reine s'ouvrit. Richelieu, résolu à livrer, lui aussi, une dernière bataille, parut sur le seuil.

Marie de Médicis ne répondit que par de nouvelles violences à ses protestations de dévouement. Elle termina en disant au roi qu'il avait à choisir entre un valet et sa mère.

— Il est plus naturel que ce soit moi qu'on sacrifie, répondit le cardinal.

Et il regagna son palais où il se prépara pour le départ. Tout le monde crut à la disgrâce de Richelieu et chacun vint faire sa cour à la reine mère. Dans un moment d'abandon, Louis XIII avait même consenti à nommer premier ministre le garde des sceaux, Michel de Marillac.

Mais il se ressaisit vite. De Versailles, où il avait fui l'orage, il appela Richèlieu. Quand celui-ci se présenta devant lui, le roi dit :

— Vos ennemis abusent de la crédulité de la reine, ma mère, qui se laisse aisément prévenir. Continuez à me servir comme vous avez fait, et nous nous opposerons ensemble à toutes les intrigues qu'on formera contre vous.

Ce fut la « Journée des Dupes. » (11 novembre 1630). Ceux qui avaient cru abaisser Richelieu allaient assurer leur perte. Richelieu, en effet, se vengea en frappant ses ennemis de bannissement, de confiscation et de destitution. Michel de Marillac fut disgracié; son frère, le maréchal, qui commandait l'armée d'Italie fut arrêté en plein camp, condamné comme coupable de concussion et de péculat et décapité. Bassompierre fut jeté à la Bastille.

Pour bien montrer son attachement au fidèle serviteur de la monarchie, Louis XIII éleva en duché la terre de Richelieu.

Ces événements accrurent la haine de Marie de Médicis. Elle criait qu'elle « se donnerait au diable plutôt que de ne pas se venger d'un ingrat ». Elle manœuvra tant et si bien que Louis XIII la relégua à Compiègne. Elle s'échappa du château et se réfugia aux Pays-Bas, chez les Espagnols, ennemis de la France. Elle ne devait jamais revoir Paris. La veuve de Henri IV mourut à Cologne, en exil, en 1642.

De son côté, Gaston d'Orléans continuait la lutte

contre Richelieu. Retiré en Lorraine, il épousa, malgré la défense du roi, la sœur du duc Charles ; puis, s'étant entendu avec l'Espagne, secondé par

Maréchal de Montmorency.

le duc de Montmorency, gouverneur du Languedoc, il souleva les provinces du Midi.

Louis XIII comprit qu'il fallait agir énergiquement. Il envoya deux armées contre les rebelles et partit lui-même pour le Midi, accompagné du cardinal. Le 1er septembre 1632, les deux armées se rencontrèrent près de Castelnaudary dans une de ces luttes corps à corps où excellaient les gentilshommes.

Montmorency se montra le digne descendant d'une lignée de héros. Seul, il fonça contre les troupes de Schomberg, perça six rangées d'infanterie, mais tomba sous le nombre, couvert de blessures. Son cheval, tué, fléchit sous lui; ses armes pesantes l'étouffaient :

— Montmorency, cria-t-il, je suis mort et ne demande qu'un confesseur.

Puis se tournant vers un sergent des gardes, il lui dit :

— Tenez, jeune homme, portez ce jonc émaillé à la duchesse de Montmorency.

On mit le duc sur une échelle couverte de manteaux, puis on le transporta à Castelnaudary, et de là, à Toulouse, où il fut enfermé en haut de la tour du beffroi de l'hôtel de ville. Cent suisses de la garde veillaient nuit et jour autour de sa prison.

On fit son procès et il fut condamné à être décapité. La princesse de Condé, sœur du malheureux révolté, accourut afin d'implorer le roi ; elle n'eut pas la permission d'entrer à Toulouse. Sa femme, proche parente de Marie de Médicis, se précipitant à genoux sur le passage du souverain, demanda grâce pour son époux; le duc d'Epernon et son fils, le cardinal de La Valette, Saint-Simon, toute la cour se jeta aux pieds de Louis, tandis que le peuple de Toulouse criait : « Miséricorde! » sous les fenêtres royales.

Louis resta inflexible.

Et le 30 octobre 1632, mourut vaillamment ce jeune et beau maréchal de France qui avait rendu tant de glorieux services à son roi, ami du cardinal, allié de tous les princes ou de tous les souverains d'Europe. Sa mort tragique causa une profonde douleur et une grande émotion. On comprenait, enfin, combien il était téméraire de s'attaquer à l'autorité royale et à la puissance de Richelieu.

Voulant éviter le retour de pareilles conspirations, le cardinal-duc organisa une police compliquée ayant des ramifications dans toutes les classes de la société. Cette œuvre de vaste espionnage était dirigée par le père Joseph, confident et collaborateur du premier ministre.

Ce capucin est une des figures les plus énigmatiques de l'histoire. Homme d'intrigue et d'église,

BIBLIOTHÈQUE NATIONALE — R. F. — IMPRIMÉS

diplomate et homme d'épée, ancien élève, comme Richelieu, de l'Académie de Pluvinel, il joue, sous le ministère du grand cardinal, un rôle de premier plan.

Le père Joseph

Après s'être distingué par sa bravoure au siège d'Amiens, il avait pris l'habit religieux de saint François et étonné son ordre par l'ardeur de sa piété et par l'humilité de sa foi.

C'est pendant que Richelieu était à Luçon que

le père Joseph entra en relations avec lui. Depuis, ils ne se quittèrent plus. On a tourné en dérision les projets de croisades nourris par ce capucin avide d'action. Mais il abandonnait vite ces rêves chimériques, pour la politique pratique.

Ses idées étaient vastes, ses plans largement conçus. A une finesse toujours en éveil, il joignait une hardiesse allant parfois jusqu'à la témérité et une persévérance que rien ne décourageait.

Il est bien l'homme de sa physionomie : front bas, yeux petits, nez épaté, visage sillonné de larges rides, barbe longue et carrée, cachant une bouche étroite qui ignorait le sourire.

Ne quittant jamais l'habit de son ordre : capuchon de bure grise, robe serrée au corps par un cordon noueux pendant à ses pieds couverts de sandales, il apportait à la cour un air d'austérité qui contrastait avec le badinage des courtisans. Ceux-ci l'appelaient l'Éminence grise.

Richelieu l'utilisa dans les missions délicates et les grandes négociations. Amène et insinuant, il excellait à effacer ces brouilleries de cour parfois aussi compliquées que la grande politique. Ardent patriote, il fut la cheville ouvrière de la diplomatie française pendant la guerre de Trente ans.

Parlant de ses qualités comme négociateur, le cardinal-duc disait ne « connaître aucun diplomate en Europe capable de faire la barbe à ce capucin, quoiqu'il y ait bonne prise ».

Ferdinand II.

Après la paix de Ratisbonne, Ferdinand II s'exprimait ainsi à propos du père Joseph, qui était le plénipotentiaire français :

— Cet homme-là me désarme par son rosaire et

RICHELIEU SE REND A L'HOTEL DE VILLE.

met six couronnes électorales dans son capuchon.

L'Empereur faisait allusion aux voix prépondérantes gagnées dans la diète par l'astucieux capucin.

Et il apportait à la conduite de sa politique un réalisme qui cadrait peu avec son caractère ecclésiastique. On raconte qu'un jour, disant la messe, il reçut un officier qui venait prendre un ordre pressé pour une surprise de place :

— Mais s'ils font résistance ? dit l'officier.

— Alors, tuez tout, dit le bon père et il reprit l'office interrompu.

Après tout, cette cruauté n'était-elle pas justifiée par les phases critiques qu'avait traversées la situation militaire de la France ? Dépourvu de soldats, pauvre d'argent, Richelieu avait vu ses armes essuyer de cruels revers. Conduits par Piccolomini et le fameux Jean de Werth, les Impériaux avaient envahi la Picardie, pris La Capelle, le Catelet, Vervins, Roye ; le 5 août 1636, ils s'emparaient de Corbie, place forte à 30 lieues de la capitale.

Paris fut saisi de panique et lança des imprécations contre le cardinal. Celui-ci tint courageusement tête à l'orage. Il se rendit en carrosse, à l'Hôtel de Ville, seul, sans gardes, ses chevaux marchant au pas. Là, il demanda au prévôt des marchands de prendre les précautions d'usage. A la terreur, succéda une bel élan de patriotisme. On trouva de l'argent et des soldats. Avec son ardeur habituelle, Richelieu organisa tout, et, de cette multitude de volontaires, il fit une armée prête pour conquérir la victoire.

C'est que la France avait été contrainte d'entrer ouvertement en guerre contre la maison d'Autriche. Tout d'abord, Gustave-Adolphe, roi de Suède, par les victoires de Leipzig et de Lutzen avait abaissé l'Empire. Mais, après sa mort, les Suédois avaient été battus à Nordlingen, le 6 septembre 1634.

Sous peine de voir la maison d'Autriche redevenir plus puissante que jamais, Richelieu devait lancer dans la lutte l'épée de la France. Il le fit, marcha sur le Rhin, servant ainsi à la fois les intérêts nationaux et ceux de la liberté européenne.

En effet, le cardinal-duc a défini ainsi sa politique extérieure : « Le but de mon ministère a été celui-ci : rétablir les limites naturelles de la Gaule, identifier la Gaule avec la France, et partout où fut l'ancienne Gaule, constituer la nouvelle. »

Après Corbie, le succès revint à nos armes. Bernard de Saxe-Weimar et Guébriant firent pour la France la conquête de l'Alsace; d'Harcourt soutint une guerre heureuse en Italie; Arras et Perpignan furent prises. Soulevés contre l'Espagne, la Catalogne et le Portugal furent soutenus.

Tout l'effort de la campagne d'Alsace porta sur le siège de Brisach, place forte qui, située sur la rive droite du Rhin, donnait entrée en pleine Souabe. Ce fut un des plus grands sièges du temps. Durant sept ou huit mois, Brisach fut le point de mire des deux partis, français ou autrichien, également acharnés à l'attaque et à la défense. Bernard de Saxe-Weimar avec ses Allemands, Guébriant avec ses Liégeois, Turenne avec ses Français, firent des prodiges de valeur. Brisach souffrit les dernières extrémités avant que d'ouvrir ses portes, le 18 décembre 1638.

Cette heureuse nouvelle trouva Richelieu non seulement malade, mais encore plongé dans une grande tristesse. Son confident, et son seul ami, le père Joseph était à l'agonie.

Si l'on en croit une anecdote rapportée par Schiller, peut-être plus dramatique que vraie, le cardinal, au reçu de la dépêche du duc de Wei-

RICHELIEU AU LIT DE MORT DU PÈRE JOSEPH.

RICHELIEU.

mär, trouve la force de s'élancer hors de son lit et de courir au chevet du capucin. Il interrompt les prières, le recueillement de l'assistance, le râle du moribond et, secouant un bras déjà inerte :

— Mon père, mon père, s'écrie-t-il avec transport, Brisach est à nous !

Cette voix et surtout la nouvelle qu'elle annonce raniment le mourant. Un dernier éclair brille dans ses yeux et il s'éteint, heureux, en pressant doucement la main de Richelieu.

CHAPITRE IX

Réorganisations intérieures. — Richelieu travaille. — Sa santé
devient précaire. — Les chats du Cardinal. — L'hôtel de Rambouillet. — Fondation de l'Académie française. — Richelieu et
le *Cid*. — Représentation de *Mirame*.

Le premier ministre pleura la mort de celui qui
ne l'avait jamais abandonné, qui, dès le premier
jour, ayant deviné son génie, avait été l'artisan
de sa fortune, qui savait modérer ses desseins dans
le succès ou ranimer son énergie et son courage
aux heures sombres de l'adversité.

Aussi peut-on croire que c'est avec une sincère
douleur qu'il dit, en quittant la chambre où venait
de mourir le père Joseph :

— J'ai perdu ma consolation et mon appui.

Effectivement, le père Joseph allait singulière-
ment manquer à Richelieu. Depuis longtemps
déjà, il était lui-même malade, et l'habile capucin
menait directement les importantes négociations
relatives aux affaires d'Allemagne.

Ce n'est pas, cependant, que Richelieu ne travaillât lui-même. Bien au contraire, peu d'hommes d'État furent doués d'une plus grande puissance de travail.

Éminemment actif, son cerveau embrassait tous les détails de l'administration du royaume et maintes choses insignifiantes portent la marque de son labeur fécond et permanent.

Au moment du danger de Corbie, ayant failli voir ses efforts patriotiques paralysés par la pénurie du trésor, le cardinal-duc apporta tous ses soins à l'administration des finances, non pas en augmentant les charges de ceux qui acquittaient la taille, mais en élargissant la base des contributions.

Dans le but de favoriser le développement du commerce, il réduisit notablement le taux de l'intérêt.

N'est-ce pas aussi Richelieu qui introduisit un peu d'humanité dans les supplices, souvent atroces, infligés aux criminels? Ne fonda-t-il pas la poste aux lettres? Il y eut d'abord deux courriers par semaine partant de Paris pour les différentes directions du royaume.

Portant aux intérêts économiques du pays le

même souci qu'aux affaires purement politiques, il signa plusieurs traités de commerce des plus avantageux pour l'industrie naissante de la France.

Enfin, comprenant l'un des premiers le rôle imposé à son pays par sa situation maritime, il créa et développa la marine, lutta contre la prétention britannique à la suprématie des mers et jeta les bases sérieuses d'un grand empire colonial.

Après le siège de La Rochelle, il fit visiter les côtes par d'Infreville et établir des arsenaux au Havre, à Brest, à Brouage. Bientôt la flotte française compta 270 galères et 170 flûtes ou gros navires à voiles armés de puissants canons.

Richelieu employa cette marine, non seulement à protéger le commerce contre les corsaires, à abaisser l'orgueil de l'Angleterre, à empêcher les communications entre l'Espagne et l'Italie, à rétablir l'influence française dans la Méditerranée, mais encore à favoriser les explorations et à étendre le domaine royal au delà des mers.

« Il semble, a-t-il écrit dans son Testament, que la nature ait voulu offrir l'empire de la mer à la France par l'avantageuse situation de ses deux côtes, également pourvue d'excellents ports aux deux mers Océane et Méditerranée. »

Sous son ministère, le Canada ou Nouvelle-
France est reconquis contre les Anglais ; on re-
constitue la France équinoxiale aux Antilles ; on
jette les premières bases de notre domination sur
les côtes de l'Afrique occidentale et dans les eaux
de Madagascar.

Ces grandes choses ne s'accomplissent pas sans
un labeur acharné. Du fond de son cabinet, tra-
vaillant le jour, veillant la nuit à la lueur tremblo-
tante des chandelles, il fait mouvoir tous les res-
sorts de la vie active d'un grand pays ; tient le fil
de tous les événements qui agitent la France et
l'Europe ; suit la marche des flottes et des armées
dans le Nord, vers le Rhin, en Italie, au delà des
Pyrénées, sur les eaux des deux mers ; brise les
difficultés ; abaisse les obstacles ; inflige la défaite
à ses ennemis ; en un mot, assure la grandeur et
la prospérité du pays.

Mais l'adversaire le plus redoutable contre lequel
il doit lutter, c'est encore sa santé. Depuis les
fièvres qu'il a gagnées dans les marais de Luçon,
sa tête « est la plus mauvaise du monde ».

« Mon mal de tête me tue, » écrit-il en 1621.
Et il promet par écrit de faire célébrer à Richelieu
une messe tous les dimanches, « s'il plaît à la

divine bonté, par l'intercession du bienheureux apôtre et bien-aimé saint Jean, me renvoyer ma santé et me délivrer dans huit jours d'un mal de tête extraordinaire qui me tourmente ». En dehors de cette terrible migraine, il est affligé de maux qui lui rendent extrêmement pénible le travail de cabinet.

Toujours en guerre contre son misérable corps, il soutenait une lutte de tous les instants contre son entourage, contre les indécisions du roi, contre la reine mère, Monsieur, la reine régnante, les favoris, contre les complots et contre l'assassinat. N'a-t-il pas dit que les quatre pieds carrés du cabinet du roi lui donnaient plus de mal et plus d'inquiétude que tous les cabinets de l'Europe ? Toutes les grandes choses qu'il a faites, ce fut entre une maladie et la menace d'un coup de poignard, a dit justement un de ses biographes.

Enfin, comme tous ceux qui tiennent longtemps le pouvoir et l'exercent avec autorité et distinction, il eut à réagir contre l'impopularité. De nombreux pamphlets circulaient contre lui. On l'accusait de péculat et on lui prêtait l'ambition de rechercher le gouvernement suprême.

Il faisait répondre à ces accusations dans la *Ga-*

zette, récemment fondée par Théophraste Renaudot et qui comptait, entre autres collaborateurs, Louis XIII lui-même. Mais c'est surtout par les actes de son administration qu'il s'efforçait d'imposer silence aux médisants.

De son ministère, date le code Michau, qui réalisa quelques libertés. Il créa les intendants de province, agents directement soumis à l'autorité royale et qui, en luttant contre le particularisme local, devaient mieux assurer l'unité nationale. Nous le voyons fonder l'Imprimerie royale qui devait publier de savants travaux, aujourd'hui encore sérieusement appréciés ; puis, le Jardin des Plantes, institution éminemment scientifique. C'est encore à Richelieu qu'est due la première organisation de l'École royale militaire, qui devait faire de l'armée française la première armée de l'Europe. A côté de cet établissement, où la noblesse s'instruisait dans l'art de la guerre, il créa, à Bicêtre, la commanderie de Saint-Louis, asile pour les soldats vieillis à l'ombre du drapeau national ou blessés sur les champs de bataille.

Richelieu, on le voit, n'avait guère de loisirs à consacrer à la rêverie. Cependant, dès que le souci des affaires de l'État lui laissait quelque répit, il aimait à jouer avec ses chats dont il était toujours entouré au Palais Cardinal.

L'histoire, qui recueille les moindres faits intéressant les grands hommes, nous a même transmis le nom, la couleur du pelage et les qualités de plusieurs félins, favoris de Richelieu. Ceux qu'il affectionnait particulièrement, et qu'il emmenait avec lui dans ses voyages étaient : *Felimore*, de robe fauve ; *Gazette*, calme et discrète ; *Lucifer*, noir de jais ; *Lodoïska*, chatte polonaise ; *Pyrame* et *Thisbé*, deux bêtes très douces et très attachées l'une à l'autre ; *Soumise*, tendre et caressante ; enfin *Serpolet* et *Rubis* sur lesquels nous n'avons pas de renseignements précis.

L'amour de Richelieu pour les chats était sincère à ce point, qu'il s'intéressait même aux chats des autres. La chatte Pioillon en sut quelque chose. Elle appartenait à une vieille fille, Mlle de Gournay, qui, présentée au cardinal par Boisrobert, prouva son esprit par ses réponses. Richelieu, qui d'abord l'avait plaisantée, s'en excusa, lui fit une pension de deux cents écus, et comme Boisrobert répondait au Cardinal :

— Monseigneur, elle a une domestique, Mlle Jamin, et une chatte, ma mie Pioillon.

— Je donne cinquante livres à Mlle Jamin et vingt livres de pension à la chatte.

— Mais, Monseigneur, Pioillon a chatonné.

Le Cardinal se mit à rire et ajouta une pistole pour les chatons.

Car Richelieu prisait fort la jovialité et aimait à s'entourer de gens d'esprit. C'est toujours dans le culte des lettres qu'il chercha sa distraction favorite. Un jour qu'il travaillait avec Desmarets, il lui demanda :

— A quoi croyez-vous que je prenne plus de plaisir, Monsieur ?

— Selon toute probabilité, Monseigneur, à faire le bonheur de la France, répondit l'écrivain.

— Point du tout, repartit le Cardinal : à faire des vers.

Ce n'est pas seulement par les armes que Richelieu assurait la puissance de la France ; il voulait encore établir sa suprématie intellectuelle. Son ambition était que le français, comme langue universelle, succédât à la langue latine comme cette dernière avait succédé à la grecque.

Depuis les désordres de la Ligue, les guerres de Henri IV et celles de Louis XIII, le laisser aller de la tenue et de la conversation avait en-

vahi la demeure des grands et même la cour.
Quelques beaux esprits entreprirent de réagir
contre cette grossièreté. Des dames de qualité
tinrent ce qu'on appela des académies. Dans « un
rond dont elles étaient l'âme », elles réunissaient
des poètes et des écrivains qui n'avaient pas alors
d'autre lieu pour se rencontrer.

C'est chez la marquise de Rambouillet, rue
Saint-Thomas-du-Louvre, que se tenait hebdoma-
dairement l'assemblée la plus fameuse. On y
rencontrait Condé, Vaugelas, Racan, Voiture,
Mlle Paulet, Gombault, Malherbe, Balzac, Sarrasin,
Conrart, Saint-Évremont, Rotrou, Patru, Benserade. Richelieu y vint, en 1616, soutenir une thèse
d'amour; Corneille y lut ses premières tragédies,
Descartes y disserta, et Bossuet, petit écolier de
l'école de Navarre, alors âgé de seize ans, y
« prêchota »; selon l'expression d'un contempo-
rain, à minuit, en 1643. Le duc de Montausier y
offrit à sa fiancée, Julie d'Angennes, la *Guir-
lande,* dont les fleurs furent peintes par Robert
et les madrigaux calligraphiés par Jarry.

Grâce à son secrétaire, l'abbé de Boisrobert,
qui fréquentait à l'hôtel de Rambouillet, Richelieu
avait connaissance des discussions qui s'y tenaient.

C'est alors qu'ayant eu l'idée de donner un caractère public à ces réunions littéraires, par lettres patentes du 29 janvier 1635, fut fondée l'Académie française.

En sa qualité de protecteur de l'institution, Richelieu assembla les nouveaux académiciens, au nombre de quarante, dans son cabinet du Palais Cardinal et leur donna lecture des statuts de la compagnie. A ses côtés étaient réunis Chapelain, Conrart, qui fut le premier secrétaire perpétuel, Desmarets, l'abbé de Bourseix, Racan, Godeau, Maynard, Séguier, Voiture, Vaugelas, Balzac.

On raconte que le projet des statuts comportait un article par lequel « chacun des académiciens promettait de révérer la vertu et la mémoire de leur fondateur ». Par modestie, Richelieu effaça cette clause. Mais son nom n'en fut pas moins prononcé le premier dans tous les éloges et ce fut un usage conservé jusqu'à la veille de la Révolution que chaque nouveau membre, dans son discours de réception, rendît un solennel hommage à la mémoire du « grand Armand » et l'associât à celle du chancelier Séguier et de Louis XIV.

D'abord installée à la Sorbonne, l'Académie émigra ensuite au collège Mazarin, construit en

ANCIEN COLLÈGE DES NATIONS, AUJOURD'HUI PALAIS DE L'INSTITUT.

1662, sur l'emplacement de la fameuse tour de Neslès et qui devint l'Institut.

Elle devait consacrer ses premiers travaux à l'établissement d'un dictionnaire de la langue, d'une grammaire, d'une rhétorique et d'une poétique française. Conçue dans un esprit très libéral, cette institution, qu'on a appelée le sénat de la République des lettres, subsiste à peu près telle que le cardinal de Richelieu l'a créée.

Immuable, elle a traversé les révolutions, s'est attachée à maintenir les grandes traditions qui ont fait la gloire littéraire de la France pendant déjà trois siècles.

Dès son début, cependant, Richelieu, par une erreur de son génie, devait lui demander un acte de servilité auquel elle se refusa. Corneille venait de donner, avec le plus vif succès, la représentation du *Cid*. Bien qu'il ait dédié cette tragédie à Mme de Combalet, devenue depuis peu duchesse d'Aiguillon, le cardinal déféra le chef-d'œuvre de Corneille aux foudres littéraires de l'Académie.

Il ne faut pas sans doute chercher à cet acte d'autres raisons que des raisons politiques. En effet, dans la circonstance, Richelieu n'entendait pas dénier le talent du grand poète, pas plus qu'en luttant contre Rubens, favori d'Anne d'Autriche, il niait le génie du pinceau du grand peintre anversois. Mais Rubens était Espagnol et le *Cid*, en glorifiant la valeur des ennemis de la

Corneille.

France, devenait une pièce d'opposition, et cela dans des conditions d'autant plus graves que nos armes traversaient alors la période douloureuse de la prise de Corbie.

L'Académie se trouva fort embarrassée devant

la demande du cardinal. D'une part, elle ne voulait pas déplaire à son fondateur et à son protecteur pour qui elle était pénétrée de reconnaissance; d'autre part, elle sentait qu'un acte d'aveugle complaisance la ruinerait dans l'estime publique.

Elle prit donc le moyen terme.

« Elle sut, dit Fontenelle, conserver tous les égards qu'elle devait, et à la passion du cardinal et à la prodigieuse estime que le public avait conçue pour le *Cid*. Elle satisfit le cardinal en reprenant exactement tous les défauts de cette pièce, et le public, en les reprenant avec modération et même souvent avec des louanges. » La Bruyère exprime le même avis au sujet de cet incident : « Le *Cid* est un des plus beaux poèmes que l'on puisse faire; et l'une des meilleures critiques que l'on ait faites sur aucun sujet est celle du *Cid*. »

L'intervention de l'Académie n'eut aucune influence sur la destinée de l'admirable tragédie ainsi que le constate Boileau dans le quatrain suivant :

En vain contre le *Cid* un ministre se ligue :
Tout Paris pour Chimène a les yeux de Rodrigue ;
L'Académie en corps a beau le censurer,
Le public révolté s'obstine à l'admirer.

Richelieu, d'ailleurs, reconnut vite son erreur. La duchesse d'Aiguillon en accepta la dédicace et le *Cid* fut représenté deux fois au Palais Cardinal. Enfin pour bien montrer qu'il ne visait pas personnellement Corneille, peu après, il déféra également à la critique de l'Académie une comédie héroïque, *Europe*, dont il était lui-même l'auteur.

Corneille continuait de toucher la pension que lui faisait Richelieu. Celui-ci le recevait même affectueusement et avait accordé des lettres de noblesse à son père. Un jour, il le voit arriver au Palais Cardinal d'un air fort abattu, triste et rêveur.

— Vous travaillez, Corneille !

— Hélas ! je ne puis plus, monseigneur. Je suis amoureux.

Et il explique qu'il aime une personne si haut placée qu'il n'a aucun espoir.

— Et qui encore ? interroge paternellement Richelieu.

— La fille d'un lieutenant général des finances de la ville d'Andely.

— N'est-ce que cela ? fit Richelieu.

Il écrivit au père de venir sur l'heure à Paris. Effrayé, étonné, le bonhomme se présente. Et le ministre lui fait honte de refuser sa fille au grand Corneille.

Nous avons vu, que lui aussi, Richelieu était, à ses moments perdus, auteur dramatique. Il établissait le plan d'une tragédie ou d'une comédie et en confiait l'exécution aux poètes qui étaient à ses gages. De cette collaboration sortirent la *Grande pastorale*, l'*Aveugle de Smyrne*, les *Tuileries* et enfin, *Mirame*, représentée pour l'inauguration du théâtre nouvellement construit dans le Palais Cardinal et dont la mise en scène coûta, dit-on, deux cent mille livres. Il y avait des « machines qui faisaient lever la lune et le soleil et paraître tantôt la mer chargée de vaisseaux, tantôt les campagnes d'Arras ou les Alpes couvertes de neige ; les enfers et le ciel d'où Jupiter descendit sur la terre. »

Cette première représentation fut donnée le dimanche 13 janvier 1631, avec un luxe inouï. La reine, Monsieur et sa fille, Mme de Montpensier y assistèrent. Dans une lettre au cardinal de La Valette, Bouvard, secrétaire du premier ministre, s'exprime ainsi : « Les plus belles dames de Paris y furent aussi conviées, à chacune desquelles on présenta un coffret plein de confitures, avec une bouteille de limonade et un hanap de porcelaine qu'elles emportèrent ». La distribution de ces présents fut faite par vingt-quatre pages que conduisait Mgr de Valencey, évêque de Chartres, qui avait revêtu pour la circonstance un habit de velours.

Mais on goûta moins la pièce que les confitures. Fort piqué, le cardinal-duc dit au poète Desmarets, son collaborateur :

— Eh bien! les Français ne seront donc jamais connaisseurs? Ils n'ont pas applaudi *Mirame!*

CHAPITRE X

Nouvelles intrigues. — Complot de Cinq-Mars et de Thou. — Le
roi et Richelieu malades. — Siège de Perpignan. — Procès et
mort des deux conspirateurs. — La litière du Cardinal. — Maladie et mort de Richelieu.

Ce fut la dernière grande manifestation littéraire
de Richelieu. L'état des affaires et surtout l'affai-
blissement de sa santé devaient dorénavant le pri-
ver de sa distraction favorite.

Après l'alarme de Corbie, il avait dû guerroyer
rudement afin de chasser l'ennemi du territoire et
de reconquérir de nouveaux avantages. Tout en
poursuivant de nouvelles victoires contre l'Espagne, il dut lutter contre des intrigues toujours
renaissantes formées contre lui, souvent avec le
concours de l'étranger.

A ces tentatives, était mêlé un jeune et élégant
favori du roi, Henri d'Effiat, marquis de Cinq-
Mars, qui, pour satisfaire son ambition, n'avait

pas hésité à trahir le cardinal, son bienfaiteur et celui de sa famille.

Louis XIII avait pour lui la même sympathie qu'il témoigna auparavant à Luynes, à Ornano et à Saint-Simon. Cinq-Mars en profita pour demander sa place aux affaires. Un jour qu'il était entré au conseil, Richelieu lui fit une scène violente, lui interdisant brutalement toute entremise dans les affaires de l'État.

Cinq-Mars résolut de se venger. Il fomenta une vaste conjuration dont le roi, par faiblesse autant que par amusement, était tacitement le chef. Au nombre des conjurés se trouvaient, outre le favori, le jeune de Thou, fils de l'historien, le duc de Bouillon, et enfin Gaston d'Orléans. Anne d'Autriche elle-même n'y fut pas étrangère.

Un traité fut signé avec l'Espagne, et c'est ce qui devait perdre nos imprudents. Cinq-Mars et de Thou furent arrêtés, à Narbonne, le 13 juin 1642.

Richelieu se trouvait alors à Monfrin, près de Tarascon. Pris de remords pour sa faiblesse à l'égard de Cinq-Mars, Louis XIII avait quitté Perpignan pour se rendre auprès de son ministre. Richelieu était si malade qu'il ne put se lever pour recevoir le royal visiteur. Celui-ci était également

et établit qu'on dut dresser pour lui un lit auprès du
lit du cardinal.

Ce dernier se troubla, et tendit au roi copie du

traité passé avec l'Espagne au nom de son frère
Gaston d'Orléans. Une fois de plus, Louis XIII ni
complètement dessus. En effet, de même qu'au
moment de la journée des Dupes, le souverain avait
hésité entre ses convenances personnelles et le travail de l'État.

Cinq-Mars avait pu croire que son maître ne
verrait pas sans trop de déplaisir la disparition du
cardinal-duc dont la dictature portait parfois om-

François de Thou.

brage à son orgueil. Un jour, parlant du premier
ministre, il avait dit à son favori qu'il serait « heureux de s'en défaire ».

Parole imprudente qui, mal interprétée, sem-
blait autoriser toutes les actions contre Richelieu.
Cinq-Mars prodigua alors les sarcasmes contre le

ministre et Louis XIII paraissait les accueillir avec
plaisir. Quand on lui parlait de la chute du cardinal, Louis XIII répondait invariablement :

— Comment le renvoyer ? Il est maître de tout.

— Mais, sire, on le tuera, s'enhardit un jour
à dire Cinq-Mars.

— Le tuer ! Un cardinal ! Je serais excommu-
nié.

A quoi un des mousquetaires répondit en riant :

— Ordonnez seulement. Laissez-moi faire. Je
m'en irai à Rome où j'aurai mon absolution.

Sur ces entrefaites, le roi et le cardinal quittèrent Paris pour mettre le siège devant Perpignan
et porter la guerre au cœur même de l'Espagne.
Louis XIII marchait en avant, toujours accompagné de Cinq-Mars. Chemin faisant, celui-ci lui
montrait la désolation des campagnes occasionnée
par la guerre et lui parlait des nécessités de la
paix.

Car c'était là l'objet avoué du complot : après la
longue série de combats livrés par Richelieu, il
fallait aboutir à la paix avec l'Espagne. D'autre
part, pour gagner la reine à la cause des conjurés, on lui avait représenté que le cardinal proje-
tait en cas de mort du roi, de l'écarter de la ré-

gence, sinon même d'éloigner le dauphin du trône.

A Briare, une occasion s'était présentée de se débarrasser du premier ministre ; mais Cinq-Mars n'eut pas le courage de le frapper. Il fut décidé que tout serait fini à Lyon. Gaston d'Orléans devait se rendre dans cette ville et donner le signal de l'assassinat. Mais il ne vint pas, et l'affaire fut remise en question.

Richelieu, cependant, se sentait en danger. Aussi, à peine eut-il rejoint l'armée, qu'il laissa le roi au siège de Perpignan pour se rapprocher du Rhône, se tenir à proximité de la Provence où il pouvait s'embarquer et, contournant l'Espagne, gagner Brouage, sa place de sûreté.

Il fuyait littéralement, prenant des chemins détournés, ne disant jamais le matin où il coucherait le soir. C'est aux environs de Tarascon qu'un courrier haletant lui remit le fameux traité espagnol.

Une fois de plus, Richelieu était sauvé. Il donna connaissance de la conspiration au roi. Celui-ci rompit avec Cinq-Mars, sans cependant ordonner son arrestation immédiate. Ce n'est qu'après l'entrevue de Monfrin qu'elle fut décidée.

Cinq-Mars fut découvert à Narbonne, caché dans un lit. On emprisonna également de Thou. Le

duc de Bouillon, qui était à la tête de l'armée d'I-
talie, fut fait prisonnier par ses aides de camp.

On instruisit immédiatement le procès. Gaston
d'Orléans fut menacé d'y être impliqué s'il ne ré-
vélait toutes les circonstances de l'affaire ce qu'il
fit immédiatement avec son courage ordinaire. Il
acheta la permission de rester en France en ac-
ceptant de se laisser confronter avec ses complices
et en avouant par écrit les circonstances de son
crime. En outre, il renonçait dans le présent et
dans l'avenir, « à toute charge, emploi ou administration dans le royaume ».

Richelieu ordonna la formation, à Lyon, d'une
commission spéciale judiciaire, et l'on s'occupa de
la translation des prisonniers.

Cinq-Mars et de Thou furent embarqués à Tarascon, dans une barque attachée au riche bateau
où se trouvait Richelieu, couché sur son lit de soie,
abrité d'un palanquin. Si faible était la santé du
cardinal, et si grandes étaient ses souffrances qu'il
s'évanouit trois fois durant le voyage.

Flanqué de deux compagnies de mousquetaires
cheminant de chaque côté du fleuve, le sinistre
cortège remonta le Rhône jusqu'à Lyon, où il
arriva le 3 septembre 1642.

Neuf jours après, Cinq-Mars et de Thou étaient exécutés sur la place des Terreaux. Comme pour Chalais, en l'absence du bourreau, la besogne fut confiée à un vieux gagne-deniers qui ne parvint à trancher la tête de de Thou qu'après sept coups de hache.

Les deux jeunes gens moururent avec héroïsme. Au pied de l'échafaud, ils se disputèrent à qui aurait l'honneur d'être sacrifié le premier à la vengeance du cardinal.

Cette sanglante tragédie provoqua la plus vive émotion dans la foule. Elle lapida le bourreau improvisé et prononça contre le cardinal de violentes malédictions.

Celui-ci quitta Lyon aussitôt, et rentra à Paris, tantôt par eau, tantôt par terre.

La nouvelle de la prise de Perpignan lui étant parvenue au moment de l'exécution, il écrivit au roi :

— Sire, vos ennemis sont morts et vos armes sont dans Perpignan.

Pour la commodité du voyage, Chavigny fit construire une chambre toute de bois, parfaitement ornée, avec un lit, des fauteuils, une table. Aux côtés du cardinal, avait pris place un médecin.

Seize gardes portaient cette vaste litière sur leurs épaules et se relayaient d'heure en heure.

Quand les portes des villes étaient trop étroites pour laisser passer ce singulier équipage, on abattait des pans de muraille.

Richelieu gagna ainsi Fontainebleau, où il rencontra le roi qui était venu à sa rencontre et lui prodigua les marques de son attachement. De là, le cardinal se rendit à sa résidence de Rueil.

Cependant, il ne se sentait pas encore complètement en sûreté. L'impitoyable exécution de Lyon avait provoqué un vif mouvement de réprobation. Plusieurs officiers des gardes projetèrent de se débarrasser du premier ministre par l'épée. Ils comptaient sur un reste de sympathie de Louis XIII pour Cinq-Mars. Mais, à la minute même où celui-ci montait à l'échafaud, le roi, alors à Saint-Germain, tirait sa montre et disait avec une indifférence narquoise : « M. le Grand écuyer est en train de passer un mauvais quart d'heure ».

Dans la crainte d'exécution du complot, Richelieu fait veiller ses fidèles mousquetaires à toutes les portes du palais de Rueil. Personne, si ce n'est l'ami dévoué, l'officier de sa maison, ne pénètre jusqu'à lui. Il exige et obtient la destitution de ses ennemis.

Se sentant mieux en sécurité, sa santé étant redevenue meilleure, il remonta dans sa litière et se fit conduire à Paris jusqu'en son Palais Cardinal, rue Saint-Honoré. Pour ne pas l'incommoder, on fit une rampe dès la cour et il entra par une fenêtre dont on avait ôté la croisée.

Son triomphe sur ses adversaires, les éclatantes victoires remportées partout par les armes françaises, dans le Nord, dans l'Est, aux Pyrénées et même en Italie semblent le faire renaître à la vie. Richelieu reprend espoir de guérison, forme des projets, donne des fêtes dans ses salons et organise des représentations dans son théâtre. Il plane de nouveau sur la royauté et exerce hautement sa féconde dictature sur le gouvernement.

Mais il était frappé mortellement. Pris d'un violent accès de fièvre, le soir du samedi 28 novembre 1642, son mal empira rapidement, et bientôt les médecins jugèrent son état désespéré. Quatre saignées ne purent abattre la fièvre. Le lendemain, la consternation et l'effroi étaient peints sur le visage des habitants du Palais Cardinal.

Le 2 décembre, on fit des prières publiques

dans toutes les églises de Paris pour le rétablis-
sement de l'illustre malade. Mais le mal s'aggrava.
De nouvelles saignées n'eurent pas raison de la
fièvre qui le dévorait.

On lui administra l'extrême-onction qu'il reçut
avec une humilité et une sérénité d'âme qui ému-
rent les assistants. Quand le curé de Saint-Eus-
tache lui demanda s'il pardonnait à ses ennemis :
« Je n'en eus point d'autres, répondit-il, que ceux
de l'État ».

Le 3 au matin, un peu de mieux se produisit et
la nouvelle, aussitôt connue, remplit le Palais Cardinal, le Louvre et tout Paris d'une grande joie.
Mais cette amélioration fut de courte durée. Dans
l'après-midi, Richelieu se sentit extrêmement
mal.

Il supportait ses souffrances avec un réel courage. Il appela les médecins :

— Messieurs, leur dit-il, je suis fermement résolu à la mort. Dites-moi donc, je vous prie, le
temps qu'il me reste à vivre.

— Monseigneur, répondit l'un des docteurs, Dieu
qui vous voit si nécessaire au bonheur de la France,
fera un coup de sa main pour vous conserver la
vie.

Mécontent de cette réponse évasive, le cardinal demanda Chicot, le médecin du roi, en qui il avait la plus grande confiance.

— Ah! Chicot, mon ami, venez! lui dit-il, dès qu'il l'aperçut. Je vous demande non pas comme à un médecin, mais comme à un frère, de me dire combien il me reste de temps à vivre?

— Alors, vous m'excuserez si je vous dis toute la vérité?

— Je vous en serai reconnaissant.

Après avoir examiné le malade, il déclara :

— Monseigneur, dans vingt-quatre heures, vous serez mort ou guéri.

— A la bonne heure, répondit Richelieu, voilà qui est parler!

A peine cette consultation était-elle terminée qu'on annonça le roi. Louis XIII venait de Saint-Germain pour honorer d'une dernière marque d'affection le ministre à qui il ne devait survivre que six mois à peine.

Richelieu se fit habiller à la hâte et il reçut son auguste visiteur dans un fauteuil!

— Sire, lui dit-il, je vois bien qu'il me faut partir et prendre congé de Votre Majesté ; mais au moins je meurs avec la satisfaction de ne l'avoir jamais desservie, de laisser son État florissant et tous ses ennemis abattus. En reconnaissance de mes services passés, je supplie Votre Majesté d'avoir soin de mes parents. Je laisse après moi plusieurs personnes fort capables et bien instruites des affaires ; ce sont MM. des Noyers, de Chavigny et le cardinal de Mazarin.

— Soyez tranquille, dit le roi, vos recommandations me seront sacrées, quoique j'espère n'avoir point encore de sitôt à y faire droit.

Puis, comme on apportait au malade une tasse de bouillon, Louis XIII la prit des mains du valet et la présenta à son ministre. Aussitôt après le départ du roi, Richelieu fut plus mal. Il passa une très mauvaise nuit. Enfin, il expirait le lendemain, 4 décembre 1642, à l'âge de cinquante-sept ans et trois mois.

Comme le dit Mazarin, en apprenant la fatale nouvelle, la France venait de faire une grande perte. Si puissante était l'empreinte que le génie de Richelieu marquait à toutes choses que son œuvre lui survécut. Ministre du fils de Henri IV et du père de Louis XIV, il réalisa la politique du premier et prépara la grandeur du second de ces rois.

MORT DE RICHELIEU.

Sa politique se résume en ces deux termes : en balayant le territoire des dernières broussailles de la féodalité, il assura l'unité nationale; en mettant fin à l'empire catholique de Charles-Quint et de Philippe II, il fit du roi de France le premier prince de l'Europe.

Et si on lui reprocha la violence et la sévérité de sa dictature, ne peut-on dire que la France eût été mise en péril par les hordes de Waldstein et de Jean de Werth; qu'il prépara Rocroy et que, s'il eût pardonné à ses ennemis, ce n'eût été qu'aux dépens du pays? S'il fut sans clémence, on peut répéter après lui : « J'ai été sévère pour quelques-uns afin d'être bon pour tous. C'est la justice que j'ai aimée, non la vengeance. » Enfin, s'il eut tant d'ennemis, on lui doit cette vérité qu'il n'eut qu'un amour : celui de la patrie qu'il fit plus grande et plus forte et dont il assura l'impérissable gloire.

BIBLIOTHÈQUE NATIONALE — IMPRIMÉS

TABLE DES MATIÈRES

CHAPITRE PREMIER

CHAPITRE IV

CHAPITRE V

CHAPITRE VI

CHAPITRE VII

CHAPITRE VIII

CHAPITRE IX

CHAPITRE X

BIBLIOTHÈQUE NATIONALE
R.F.
IMPRIMÉS.